Enthüllte Archive geheimer Wissenschaften

Hermes Trismegistos

Teil III: Die Magie der Priester der Ur-Religion

Mein Dank geht an Peter Windsheimer für das Design des Titelbildes, des Weiteren an Ariane, Arianus und Michael Sauter.

Für Schäden, die durch falsches Herangehen an die Übungen an Körper, Seele und Geist entstehen könnten, übernehmen Verlag und Autor keine Haftung.

Copyright © 2016 by Christof Uiberreiter Verlag
Waltrop, Germany

Herstellung und Verlag:
BoD – Books on Demand, Norderstedt
ISBN 978-3-7412-2805-6

Alle Rechte, auch die fotomechanische Wiedergabe (einschließlich Fotokopie oder der Speicherung auf elektronischen Systemen), vorbehalten.
All rights reserved.

Inhaltsangabe:

Vorwort: 7
A. Die Lehre des Lebens: 8
  1. Unser Herr 8
  2. Die Botschaft 8
  3. Die Lehre des Ur-Seins 8
  4. Die Lehre von den beiden Weltsystemen 8
  5. Die Lehre von den beiden Prinzipien 9
  6. Die Lehre der Schöpfung 9
  7. Die Lehre vom ewigen Leben 9
  8. Die Lehre der Weltbesessenheit 9
  9. Die Lehre vom wahren Gottesdienst 10
  10. Die Lehre von der kommenden Erlösung 10
  11. Die Herkunft der Menschenrassen 10
  12. Der Mensch 10
  13. Naturgesetze 11
  14. Religionskulte 11
  15. Der Diener des Herrn 11
  16. Der Betende 11
  17. Der Gütige 12
  18. Die Liebe 12
  19. Die Kraft 12
  20. Der Tempel 12
  21. Geweihte 13
  22. Geheiligte 13
  23. Die Stab 13
  24. Die Spalte 13
  25. Gegen die Scham 14
  26. Gegen die Unzucht 14
  27. Gegen Heuchelei 14
  28. Gegen die Gifte 14
  29. Modetorheiten 15
  30. Sitte und Moral 15
  31. Rassenveredelung 15
  32. Kinder und Halberwachsene 15
  33. Jungerwachsene und Erwachsene 16

34. Unsichtbare	16
35. Den Hoffährtigen	16
36. Die Fragen	16
B. Die Lehre der Gedankenkraft:	18
Vorwort	18
Allgemeines	19
Einleitung	22
Die Kunst zu denken:	27
I. Grundübungen:	33
1. Muskelruhe	33
2. Gedankenruhe	34
3. Nachdenken	35
4. Konzentration	35
5. Betrachtungen	36
II. Unser System:	37
1. Regeln	37
2. Die einzelnen Themen	38
3. Kultvorschriften	39
4. Geistesfreiheit	39
5. Die Welten	40
6. Der Amenti	40
7. Vorkommnisse	41
8. Betrachtungsformeln	42
9. Der Mensch als Transformator	42
C. Die Lehre des Astral-Wanderns	46
Vorwort	46
I. Grundübungen	47
1. Atem-Übungen	47
2. Im Sitzen	47
3. Mit Gedankenformeln	47
4. Bei Tag und Nacht	47
II. Umschaltübungen:	48
5. Atem-Verlangsamen	48
6. Stauungsabwehr	48
7. Mondstrahlungs-Aufnahme	48
8. Sonnenstrahlungs-Aufnahme	49
III. Konzentration:	49

   9. Lockerung des Astralkörpers..................... 49
  10. Körperstarre... 59
IV. Das negative Wandern:................................. 50
  11. Heraustreten... 50
  12. Die Nebelmauer..................................... 51
  13. Der geistige Führer................................ 51
  14. Die Ur-Formen...................................... 52
V. Das positive Wandern:.................................. 52
  1. Zum Spalten... 52
  2. Zum Verdichten....................................... 53
  3. Formel zur Bewegung im Zimmer............ 53
  4. Bewegung in der Wohnung...................... 53
  5. Bewegung außerhalb der Wohnung.......... 53
  6. Bestimmte Tätigkeiten............................. 54
  7. Besuch bei Bekannten.............................. 54
  8. Bewusstseinverlegung.............................. 54
  9. Kenntnis des eigenen Körpers.................. 54
  10. Körpererkenntnisse................................ 55
Schlusswort.. 57
D. Die Lehre der Magie:.................................... 58
  1. Begriff und Wesen der Magie.................. 58
  2. Was ist Magie?.. 58
  3. Was soll und was ist Magie..................... 62
  4. Esoterik und Exoterik.............................. 64
  5. Entartete und entstellte Magie................. 65
  6. Die Wissensgebiete der Magie................ 66
  7. Weiße und schwarze Magie..................... 67
  8. Magie nach hermetischer Auffassung...... 71
  9. Die sieben Hauptlehren der Geheimlehre... 74
  10. Magische Propädeutik............................ 82
  11. Vorstellung und Wille............................ 89
  12. Schulung zum magischen Denken.......... 95
  13. Anleitung zum magischen Handeln........100
  14. Das Matrium des Menschen................... 102
  15. Behebung der Blutüberfüllung in den Sexualorganen... 106
  16. Das magische Feuer............................... 107
  17. Die Anzeichen magischer Einwirkungen... 107
  18. Der magische Tod.................................. 108

19. Die Schutzmaßnahmen.. 109
20. Die Angriffshandlungen... 112
21. Der Bildzauber in einfacher Handlung........................... 114
22. Die Behandlung mit dem Tepha (Tepaphon)................. 116
23. Die Arbeiten mit Wachsplatten....................................... 117
24. Die Arbeiten mittels Mumia... 118
25. Die Karten.. 119
26. Das Orakel der Würfel... 122
27. Das siderische Pendel.. 125
28. Der magische Spiegel.. 130
29. Der Erdspiegel... 132
30. Die magische Stirnbinde.. 134
31. Anleitung zum Gravieren der Attribute......................... 134
32. Das große Gebet an Adonay.. 135
33. Die Hymne an Dido... 136
34. Berufung des Mogarip... 136
35. Die Entlassungsformel... 137
36. Bild der Saug- Strahlungsflächen.................................. 138

Vorwort:

„Der Ursprung des „Habu Cadis" – der Goldenen Magie – liegt im uralten Ägypten", sagte vor Jahren zu mir mein Freund Anion. Doch so recht verstanden habe ich ihn nicht. Erst vor Kurzem ging mir ein Licht auf, dass nach der Explosion von Atlas (=Atlantis) die erste magische Hochkultur in Ägypten gegründet wurde, welche bereits eine atlantische Kolonie war. Dort wurden sämtliche magischen Lehren kultiviert und gewahrt, denn bei Verrat stand der Tod in Aussicht. Dies war damals üblich, denn man musste verhindern, dass Unberufene an Macht und Wissen kamen, gegeben durch die rituellen Übungen, die man für negative Zwecke hätte nützen können. So schreibt es auch Franz Bardon in seinen Lehrwerken.
Damit ist begründet, dass die „Goldene Magie" dort ihren Ursprung nahm. Jedoch hat auch der Herr der Erde seine Macht nicht umsonst über den irdischen Planeten von der Göttlichen Vorsehung bekommen, und erst jetzt merkt man so richtig, dass die gesamten entarteten Lehren über die reine und heilige Magie veröffentlicht wurden, nur um den Schüler und Strebenden die Suche nach der Wahrheit nahezu unmöglich zu machen.
Deshalb hat Wilhelm Quintscher recht, wenn er in seiner Auflistung der Werke schreibt, dass das „Habu Cadis" identisch mit dem „Lehrbuch der Bauherrn" ist bzw. seine Quellen in Ägypten hat, die der Ur-Vater der Magie – Hermes Trismegistos – dort zum ersten Mal zu Papier brachte. Da Quintscher mehrmals in diesem Land geboren wurde, als Priester seine Aufgabe verrichtete, und in späteren Inkarnationen diese Lehren wieder ans Tageslicht bringen sollte, sind seine gesamten Werke auf diese ursprüngliche Form der Magie aufgebaut.
Daher darf man sich nicht wundern, wenn man im dritten Band der „Enthüllte Archive geheimer Wissenschaften" – zusammengestellt von seinem Sohn und Freund von Franz Bardon – Ernst Quintscher – manchen Inhalt in anderen Werken von Rah Omir vorfindet. Wir haben dem Ganzen einen einheitlichen Sinn gegeben, damit der Schüler der Hermetik seine analogen Beziehungen zur ägyptischen Kultur aufbauen kann.

A. Die Lehre des Lebens:

1. Unser Herr

Unser Herr ist Adonis, geboren aus dem unergründlichen On, Akasha, welcher selbst polar ist. Er ist Adonay und Ischtar, für andere ist er Shiva und Shakti, Osiris und Isis, denn er ist männlich und weiblich, plus und minus, elektrisch und magnetisch. Unser Herr verkörpert die Sonne, die alles Weitere erschaffen hat.

2. Die Botschaft

Da unser Herr alle drei Reiche und Welten mit Hilfe seines Wortes erschaffen hat, können wir mit seiner Hilfe alles nachahmen und die Schöpfung wieder in uns aufnehmen. JHVH ist dieses Schöpfer- und Schlüsselwort, welcher unser Herr uns zum Sprechen gab, damit wir im Kleinen die große Welt nachempfinden können.

3. Die Lehre des Urseins

Gott ist Geist, der Grundbegriff allen Lebens, das Urleben selbst, welches sich in allen Teilen, Wesen, Formen und Arten spaltete. Gott ist alles Unsichtbare, das sich im Sichtbaren manifestierte; das Unsichtbare verdichtet kann und auch das Sichtbare auflöst. Gott ist das Unendliche (Akasha), Unvergängliche, Allbestehende, ob Urleben oder Schicksal – Gott ist alles. Um einen Begriff von Gott zu haben, müssen wir diesen Begriff personifizieren, die Urgestalten erkennen, um zu wissen, was Gott ist. Denn zuerst war das Ursein, der Anfang alles anderen, das wiederum das Letzte sein wird; eine Flamme, aus der alle Flämmchen und Funken entstanden sind und die Mutter und Erhalter aller ist. Die Urkraft, die Zeit und Raum, Kraft und Stoff gebar, denen Recht, Licht und Liebe folgten. Der Urstoff, der alles wieder an sich zieht, wenn eine Unendlichkeit vergangen ist. Es kam aus dem Urleben, dem Ursein, und kehrt zurück in das Urleben, das Ursein.

4. Die Lehre von den beiden Weltsystemen

Unser Herr ist, wie gesagt, polar und hat als Schöpfer zwei Welten erschaffen: die Unsichtbare, aus der die sichtbare Welt hervor ging. Das Sichtbare ist das Schattenbild des Unsichtbaren und dessen Grundlage der Entwicklung.

5. Die Lehre von den beiden Prinzipien

Alles was erschaffen wurde, ist zweigeschlechtlich, alles ist polare erschaffen worden. Jedes Wesen, jedes Tier und jedes Ding wurde männlich und weiblich geboren, damit es sich vom anderen unterscheidet und sich dadurch im anderen widerspiegeln kann. Überall in den beiden Welten haben alle erschaffenen Ding, Tiere und Menschen zwei Grundprinzipien: das elektrische und das magnetische Ur-Fluid, eine Sonnenkraft und eine Mondkraft.

6. Die Lehre der Schöpfung

Die Schöpfung wurde von unserem Herrn so gestaltet, dass sich jedes Ding, Tier und Mensch darin widerspiegeln kann und seine nötigen Erkenntnisse aus dem Spiegel erblicken und zu erarbeiten in der Lage ist. Die beiden Welten wurden in Raum-Zeit und Kraft-Stoff erschaffen, welches die Zahl Vier bildet, denn der Schöpfer hat mit dem Wort JHVH alles erschaffen.

7. Die Lehre vom ewigen Leben

Wer diese Schöpfung in sich erkannt hat, der hat seinen Schöpfer darin gefunden, den Schöpfer, der über allem steht. Der Erkenner des Erkannten wird zur Erkenntnis, und da der Herr aus dem ewigen Leben hervorging, gehen wir zurück ins ewige Leben und werden ewig leben.

8. Die Lehre der Weltbesessenheit

Um das alles zu ergründen, musste der Herr die zwei Welten erschaffen, anhand von deren Gesetzen der Mensch sich erkennen kann. Dies geht nur mit Hilfe einer Unsichtbaren und einer Sichtbaren Welt. Da sich diese beiden Welten konträr sind, das heißt, widersprechen, hat jede Welt einen Schöpfer bekommen. In der Unsichtbaren ist Adonay der Herrscher, aber in der Sichtbaren ist der „Andere" der unumschränkte Herr, der dem Geiste entgegengestellt ist. Und dieser ist ein grausamer Herrscher, der seine

Geschöpfe in Täuschung, List und Trug hält. Er hat die Weltbesessenheit erschaffen, damit der Mensch sich darin verstrickt und verfängt, nicht mehr loskommt. Jedoch dies tat er mit einen göttlichen Sinn, denn die irdischen Menschen sollen über das Schicksal ihr eigenes kennen lehren, sollen sich selbst erkennen. Und dies geht in der sichtbaren Welt nicht ohne Schmerz und Pein. Und solange der „Andere" über die irdische Welt herrscht, solange wird es die lehrreiche Weltbesessenheit geben, die von manch einem Weisen auch Schicksal oder Saturn genannt wird.

9. Die Lehre vom wahren Gottesdienst

Der wahre Gottesdienst ist eine Nachahmung der Schöpfung unseres Herrn, welcher mit Hilfe des Schöpferwortes die unsichtbare und die sichtbare Welt erschaffen hat. In dieses Schöpferwort hat er das göttliche Leben gelegt, welches von uns nachgeahmt werden kann am Grunde des quabbalistischen Baums des Lebens. Jede Religion kennt diesen Baum und hat ihn in seine Lehre miteingebaut.

10. Die Lehre von der kommenden Erlösung

Aufgrund dieses Baumes ist der irdische Mensch in der Lage, die Schöpfung zu verstehen und sie auch in Ehrfurcht nachzuahmen. Der Baum besteht aus zehn Gottheiten, welche jede eine göttliche Idee verkörpern, gemäß den zehn Fingern an beiden Händen. Der Baum bildet die universelle Lehre der Erkenntnis von Gut und Böse, von Plus und Minus, von Mann und Frau, von Sonne und Mond.

11. Die Herkunft der Menschenrassen

Die unsichtbaren und sichtbaren Menschen haben zwei Stammhalter unseres Geschlechtes. In der hermetischen Lehre ist das für die Männer Aschmunadai und für die Frauen Lilitha, welche den vollkommenen Körper darstellen. In der Vereinigung haben beide die menschlichen Geschlechter erschaffen.

12. Der Mensch

Der Mensch ist das Ebenbild des Schöpfers. Er stellt sozusagen den

Mikrokosmos dar, der Schöpfer den Makrokosmos. Der Mensch ist das Geschöpft vom großen Schöpfer, welcher in allen Dingen seinen Schöpfer bis auf das letzte Härchen gleicht. Deswegen ist es die heilige Aufgabe des Menschen, den Schöpfer anhand seiner Schöpfung nachzuahmen, um die gesamte Schöpfung zu erkennen und in sich selbst zu erleben!

13. Naturgesetze

Da der Schöpfer die Naturgesetze so erschaffen hat, dass man sich darin widerspiegelt, kann der Mensch die darin befindlichen vier Element – Feuer, Luft, Wasser und Erde – erkennen und sie entsprechend verwenden. Auch die Teilung der Welt in Tag und Nacht, in Sonne und Mond lässt sinnvolle Rückschlüsse auf die Gottheit ziehen.

14. Religionskulte

Es gibt viele verschiedene Religionskulte. Jedes Land, jeder Kontinent und jede Himmelsrichtung hat ihre eigenen, ihrer Mentalität zugeschnittenen Kulte und Bräuche. Alle Religion entstammen aber einer Ur-Religion, welche die reinsten und ursprünglichen Gesetze hervorbrachte und sie über die Welt verteilte. Somit hat jede Religion diese Gesetze in ihrer Lehre vertreten und führt jeden Anhänger dieser Kulte wieder zurück zu seinem Schöpfer, wo der Ausgangspunkt der gesamten Schöpfung liegt.

15. Der Diener des Herrn

Die Diener des Herrn sind die vollkommenen Magier, welche ihren Herrn dadurch ehren, indem sie sein Werk, das Magnum Opus, zur Vollkommenheit verhelfen, seine Aufträge gewissenhaft erfüllen und sein Wort in der Welt des Sichtbaren sowie des Unsichtbaren vertreten und bis auf den I-Punkt ausführen. Denn so will es das göttliche Gesetz!

16. Der Betende

Der Betende ist der Verehrer der Gottheit, der seinen Gottesdienst seiner Reife gemäß getreulich ausführt. Ist das Gebet den universellen Gesetzen gemäß abgestimmt, hat und zeigt es Wirkung, die durch eine gewisse Ursache zur Realisierung gelangt.

17. Der Gütige

Der Gütige ist der Vertreter der Gottheit, denn die Gottheit ist der Allbarmherzige. So wie der Schöpfer ist, so sind es seine Geschöpfe, die Magier, welche die universellen vier Gesetze in sich verherrlichen und zur Vollkommenheit bringen.

18. Die Liebe

Die Liebe ist die weibliche Kraft, mit welcher die weibliche Weltseele, Ischtar, Isis oder Shakti, an der Schöpfung teilnahm. Sie ist keine „Schwäche", sondern stellt ein gewaltige Macht dar, die sich schöpferisch nach innen und außen, nach oben und unten in der Befruchtung zeigen kann. Sie ist eine Gewalt, mit der die Schöpferin ganze Welten erschaffen hat, mit der sie alles bewirken kann. Sie stellt die Mondkraft von Kleinsten bis zum Größten dar!

19. Die Kraft

Die Kraft stellt den männlichen Teil der Schöpfung dar. Sie wird verkörpert durch Adonay, Osiris oder Shiva, und ist eine Gewalt, welche sich durch seine plötzlich explosive Kraft nach außen und innen hin auswirkt. Sie stellt die Sonnenkraft vom Kleinsten bis zum Größten dar.

20. Der Tempel

Es gibt einen inneren und äußeren Tempel, dessen Grundmauern immer gepflegt werden müssen. Der Tempel symbolisiert den vergöttlichten Menschen, besser gesagt, die vier Säulen der Gottheit, in dem man seine Übungen verrichtet. Dieser drückt die Gesetze des

- Wissen
- Wagen
- Wollen und
- Schweigen

aus!

21. Der Geweihte

Der Geweihte ist ein mit der Gottheit Verbundener, ist ein mit Gott Vereinter, der dessen Wünsche, Befehle und Gesetze auf Erden als dessen Vertreter umsetzt und erfüllt. Er hat die Weihe, die Einweihung der vier Säulen erhalten und sich nach deren Gesetzmäßigkeit gerichtet und sie in sich verwirklicht, so dass er fähig ist, sie nach außen ausstrahlen zu lassen.

22. Der Geheiligte

Ein Geheiligter ist ein in die Mysterien und göttlichen Gesetze Eingeweihter, welche das dreifache Heil erfahren hat. Er versteht bedingungslos das Prinzip der schöpferischen Drei, welche sich in der Vierheit verwirklicht, anzuwenden und umzusetzen. Er ist sozusagen in das vierte große Mysterium eingeweiht worden, und kann jedes Gesetz vollkommen in allen drei Ebenen anwenden und durchsetzen. Nichts kann ihn daran hindern, denn er verkörpert den universellen Schöpfer im Mikro- und Makrokosmos.

23. Der Stab

Der Stab versinnbildlicht das schöpferische, männliche, aktive Fluid, welches der aufbauenden, belebenden Elektrizität entspricht. Es wird in den verschiedenen Religionen durch den Phallos symbolisch dargestellt. Am besten wird das in Indien durch den Lingam versinnbildlicht, welches schon im Kult um den Schöpfergott Shiva Verehrung findet.

24. Die Spalte

Die Spalte versinnbildlicht das fruchtbare, weibliche, passive Fluid, welches dem aufbauenden, belebenden Magnetismus entspricht. Es wird in den verschiedenen Religionen durch die Vulva (Vagina) symbolisch dargestellt. Am besten wird das in Indien durch die Yoni versinnbildlicht, welches schon im Kult um die Schöpfergöttin Shakti Verehrung findet. Beide Prinzipien haben die gleichnishafte Bedeutung der quabbalistischen Vereinigung von Mann und Frau, von Ihm und Ihr, von Gott und Göttin, welche als Yin und Yang die gesamten Welten erschuf.

25. Gegen die Scham

Die Scham ist einerseits ein natürlicher Schutz gegen sexuelle Entgleisung, andererseits bildet sie eine Brücke zur reinen Auffassung der sexuellen Mysterien, welche in unseren jetzigen Zeitalter schon durch den „Anderen" vermischt und entartet wurden. Diese Täuschung macht die Menschen unfrei und bindet ihn an die Materie, wovon er sich entheben sollte.

26. Gegen die Unzucht

Für uns Geheiligte bildet die Unzucht die sexuellen Entgleisungen in jede erotische Richtung, sei es in der Selbstbefriedigung, Ehelichen Verkehr, orgastischen Ausschweifungen oder im häufigen Partnerwechsel usw. Die reine Zucht gehört der Gottheit, denn der sexuelle Trieb, die beiden Schöpferorgane, sind dem Gott gewidmet, mit welchen dieser schöpferisch arbeitet. Der Mensch als sein Ebenbild und Geschöpf darf sich ihrer nur insoweit bedienen, als dass er damit magisch-schöpferisch, den Gesetzen gemäß, wirkt. Jeder anderer Verkehr ist der Unzucht und der Sünde unterzuordnen.

27. Gegen Heuchelei

Die Heuchelei bildet einen Verstoß gegen sämtliche Gesetze der göttlichen Vorsehung, wie sie uns durch die Taten, Werke und Schriften der Geheiligten uns zur Erbauung übergeben wurden. Das beinhaltet die Gesetze der harmonischen 1, 2, 3 und 4, welche zusammen die göttliche 10 ergibt, die das gesamte Universum umschließt. Wer dagegen in irgendeiner Form verstößt, bekommt es in der gleichen Weise zurück, sodass er aus seinen Fehlern die beste Lehre ziehen kann.

28. Gegen die Gifte

Gifte stellen alle entarteten Lehren und Unlehren dar, die den Erdplaneten bevölkern und überschwemmen. Sämtliche dieser zu extremen, zu weit von der Mitte entfernten Lehren, dienen nur dem Rausch und der Entgleisung, nur der Ausrede und dem Auswege, die reinen und direkten Wege nicht zu gehen und anzuwenden. Diese Lehren wurden vom Herrn der Erde, dem „Anderen", zu uns gebracht, damit man aus ihnen das Grobe vom feinen trennen kann.

29. Modetorheiten

Die Modetorheiten beziehen sich alle nur auf die körperlichen Interessen der Zeit, auf das sinnliche Vergnügen der Menschen, auf den sexuellen Reiz und das Strömen in den Geschlechtsorganen. Wahre Mode ist das Tragen von standesgemäßer Kleidung je nach Rang und Ordnung in gesellschaftlicher und religiöser Richtung. Das war im alten Ägypten so, im Mittelalter auch und in Zukunft wird das alles wieder so sein.

30. Sitte und Moral

Wahre und reine Sitte und Moral bezieht sich immer und überall auf dessen Ausgangspunkt der Mitte, auf das reinste Akasha, d. h. für uns, auf die universelle Harmonie in allen vier Bereichen und allen drei Ebenen. Ist diese Harmonie individuell erreicht, ist man Eins mit dem Akasha, der All-Harmonie und man verkörpert gleichzeitig die reine Form der ausgeglichenen Sitte und Moral.

31. Rassenveredelung

Rasse bedeutet für uns Geheiligte die Reinheit des Geistes und nicht wie manche falsche Philosophen behaupten, die Reinheit im rassisch-körperlichen Sinne. Eine hohe Rasse weist demnach auf ein reines Ideal, gepaart mit göttlichen Eigenschaften hin, welche erst eine solche Geisteshaltung hervorrufen kann. Deswegen ist eine reine Rasse gleichzusetzen mit reinem Blut, mit dem Saft des Akaskas, der Ur-Gottheit und dem Ur-Leben, aus welchem alles entstanden ist.

32. Kinder und Halberwachsene

Kinder sollte man frei und ungebunden erziehen, ohne Gewalt und Stress, denn das Schicksal sorgt schon für alle weitere. Halberwachsene sollte man ihn der schweren Zeit der Pubertät unterstützen und hilfreich unter die Arme greifen, um sie auf einen sicheren Pfad zu geleiten.

33. Jungerwachsene und Erwachsene

Jungerwachsene, welche Interesse an der hermetischen Entwicklung zeigen, sollte man je nach Mentalität und Temperament entsprechende Hilfe und Unterstützung zu kommen lassen. Sie sind schon mehr gefestigt, als die Kinder. Erwachsene hingegen sollte man an die Hand nehmen und zum sicheren Hafen führen, sofern sie den Weg dazu einschlagen möchten. Wenn nicht, dann sollte man sie voller Liebe dem Schicksal übergeben, welche den besten Weg für sie erwählt hat.

34. Unsichtbare

Die Unsichtbaren, wohnend im Astralreich, sind unsere eigentlichen Vorbilder. Sie wissen über alle Gesetze und magischen Praktiken Bescheid, können alles in Anwendung bringen, und alles jedem ehrlich Strebenden übermitteln. Von Zeit zu Zeit wird ein wahrlich Hoher unter ihnen ausgesandt, um auf Erden neue Gesetze bekannt zu geben.

35. Den Hoffärtigen

Die Hoffärtigen, die sich in ihrer Überheblichkeit sonnen, kann von unserer Seite aus nicht geholfen werden, da Hochmut vor dem Fall kommt. Durch den Sturz erhalten sie ihre notwendigen Belehrungen, denn die Selbsterkenntnis steht bei jedem an erster Stelle. Deshalb steht über unseren Tempel: Erkenne dich selbst!

36. Die Fragen

Frage: Wo sind die Meister?

Antwort: Sie befinden sich im Tempel Bit en Nur!

Frage: Wie finde ich dorthin?

Antwort: Nur durch deine eigene Schulung und innere Reife!

Frage: Wieso?

Antwort: Weil der Tempel sich auch in dir selbst befindet und Gleiches zieht Gleiches an!

Frage: Gibt es Abkürzungen im Weg zu Gott?

Antwort: Alle Gesetze zu erkennen, kann nicht schnell geschehen, denn Rom wurde auch nicht an einem Tage erbaut.

Frage: Wie kann ich die Götter rufen?

Antwort: Nur durch geeignete Schulung der vier Grundprinzipien!

Frage: Wie kann ich diese Schulung erlangen?

Antwort: Durch Studium der Schriften des Dreimal Großen!

B. Die Lehre der Gedankenkraft

Vorwort:

Bald nach Erscheinen meines Buches: „Denu val Gumas – Magie des Willens" zeigte es sich, dass die meisten Leser ganz falsche Vorstellungen vom Denken, dem Denkprozess, Ursache, Erscheinung und Wirkung hatten. Außerdem über ihren Erdenkörper, geschweige über ihren Astral- und Geistkörper, absolut falsche Ansichten oder meist gar keine besaßen, über Wesen und Vorgänge im Irdischen, im Sichtbaren, im Unsichtbaren, im Unirdischen nicht oder kaum unterrichtet waren. Die vielzählige Schundliteratur des sogenannten Okkultismus vernebelt die Hirne und hindert das Denken. So glaubten viele, sich rasch des „Wanderns" zu rein materialistischen Zwecken bedienen zu dürfen, ohne dass sie sich entsprechend der „Wissenschaft des Geistes" vorher schulten, lediglich durch Benutzung narkotischer Drogen, als Trank, als Räuchermittel, als Einreibung. Es war vergebliche Mühe, da der geschulte und erprobte Wille fehlte. Weiterhin fehlte die Schutzorganisation bzw. Schutzmittel, welche unbedingt erforderlich sind, wenigstens für alle Erdgebundenen, das sind die, welche in irdischen Körpern wandeln, gegen astrale, mentale und unirdische Einflüsse und Beeinflussungen. So muss mithin das Denken und später das Handeln systematisch erlernt werden.
Wer also glaubt, so bald er 6 Monate lang Teilnehmer irgendwelcher Seminare war, er über genügend Erfahrungen verfüge, der ist im Irrtum. Ohne die systematische Selbstschulung nach den alten Lehren der ägyptischen „Wissenschaft des Geistes" wird niemals der kleinste Erfolg im Geistigen und Materiellen errungen! Beides ist unbedingt notwendig! Denn nur dadurch gelangt er in den Mitbesitz der mentalen Kräfte!

Deshalb: Achte Dein!

Allgemeines, Geschichtliches, Phantastisches, Tatsächliches:

Die „Wissenschaft des Geistes" oder die Lehren der verborgenen Kräfte und Mächte im Unsichtbaren stützen sich in der Hauptsache auf die altägyptischen Lehren der Hermetik als Basis und Grundstock aller weiteren Wissensgebiete.
Ihre Hauptverfechter bevölkern jetzt das „Dach der Welt", = Shamballa. Die lamaitischen Gompas (Siedlungen zu Schulungs- und Kultzwecken) besitzen in ihren Altlehren Schulungssysteme mit meist von einander abweichenden Vorschriften der Übungen. Es wäre unrichtig zu behaupten, dass die Lamas dieses Tempels etwa zu den Buddhisten zählen. Der Buddhismus ist nur eins der Wissensgebiete der „Wissenschaft des Geistes". Genauso wie das Christentum, der Islam, der Schamanismus auch nur Wissensgebiete der „Wissenschaft des Geistes" sind. Des Weiteren finden wir die meisten Hermetiker in Nippon (Japan) und China, unter dem Swastikazeichen arbeiten.
In den Vereinigten Staaten von Nordamerika fand der Mentalismus vor dem Weltkriege große Verbreitung durch den „Segno Erfolgs Club", der dann auch nach Europa übergriff. Allerdings hatte dieser „Segno Erfolgs Club" den Fehler, dass er nur für rein materielle Zwecke diente und zu dienen hatte und damit sich selbst zerstörte.
Nach Kriegsende schuf ich den „Mentalen Erfolgsring", der dann aber später eine geschlossene Gesellschaft zu Forschungszwecken darstellte. Zumal der „Mentale Erfolgs-Ring" durch die maßlosen materiellen Anforderungen der Teilnehmer eine schwere Belastung magisch-mentaler Hinsicht wurde. Weitere Wissensgebiete nahmen die meisten, auch mich selbst, mehr als bisher in Anspruch. Die Forschungsarbeiten brachten neue Resultate und Erfahrungen. Rückschläge und Fehlschläge ließen nach den Ursachen suchen. Die Mitwelt hatte sehr wenig Interesse am Geistigen und jagte materiellen Zielen nach und verleugnete den Geist, das Geistige an sich. Die heutigen jammervollen Zustände unter den verschiedensten Völkern sind eine Folge davon.
Die Verstofflichung der Gesinnung aber bedeutete nur Zersetzung ohne Ausnahme! Ich brauche wohl keine Beispiele aus der Gegenwart oder nahen Vergangenheit heranzuziehen, um die Tatsachen meiner Behauptung zu dokumentieren! Die lamaitische Formel: „Alles ist aus Geist entstanden und der Geist verschlingt es wieder!", hat bei uns ebenfalls genau noch

dieselbe Bedeutung und Auswirkung wie in Asien oder vor vielen hundert Erdenjahren. Dabei kommt es aber nicht darauf an, welches Wissensgebiet ich als meine Anschauungsgrundlage anerkenne, wie ich den Geist aller Geister bezeichne, anrede, achte, verehre, sondern es kommt auf die sich mehrende Erkenntnis an, dass ich als (Einzel-)Ichgedanke doch nur ein kleinster Teil eines Größeren, Vollkommneren bin und bleibe, solange, bis ich dahin zurückkehre, von wannen ich einst kam. Das Leben auf Erden ist nur eine Begleiterscheinung der unaufhaltsamen Entwicklung.

„Der geeinte Gedanke konzentriert zur Anwendung gebracht, erzeugt weltumwälzende Wirkungen".

Das bedeutet, wenn es uns gelingt, ca. 500.000 Teilnehmer an der „Wissenschaft des Geistes" zusammenzubringen, dann ist in keinem Lande der Erde mehr eine Wiederholung der „spanischen Wirren von 1936" möglich. Ferner noch Vieles mehr, was jedoch nicht beschrieben werden kann.

Wir lasen in den früheren Jahren vielfach vom sagenhaften **Vril** der Atlantiker und der Ur-Zeitmenschen. Etliche Forscher behaupteten, dass im Atlasgebirge und in den Höhenzügen von Rhodesia noch Volksstämme wohnen, die nur durch ihren Willen jede Annäherung von anderen Menschen verhindern und gegen die jede modernste Waffe nutzlos ist. In einer Nummer der „Omoto-Zeitschrift" aus den Jahren 1930/31 befindet sich eine Schilderung, wo sich einer der Führer der Omoto-Bewegung Nippons nur durch ein „gedachtes Wort" aus der Gewalt einer innermongolischen Räuberbande befreite. In Ossendowskis Buch: „Tiere, Menschen und Götter" berichtet der Verfasser von einer Unterredung mit dem Tulku von der Gompa Naranpantschi (äußere Mongolei) über den „König der Welt" (=Urgaya) und dessen Völker in Shamballa, (dem unsichtbaren Königreich). So soll sich der Eingang zum Reiche Shamballa im Himalayagebirge in der Nähe von Lhassa befinden? Dort, in diesem Tempel, soll die Hermetik in höchster Vollendung entwickelt sein und die Wirkungen sich dort, wohin der Mentalstrom gelenkt wird, auf der ganzen Erde und darüber hinaus zeigen.

Das **Vril** ist mithin nichts anderes als Mentalismus in höchster Vollendung als der Wirkung der Gemeinschaftsarbeit nach den hermetischen Lehren der „Wissenschaft des Geistes".

Es ist sehr schwer, die Masse eines Volkes zum Denken, geschultem Denken, zu erziehen. Immer werden es diejenigen sein, die abseits der Heerstraße nach verborgenen Schätzen, Blumen und Pflanzen suchen, dabei auf dieses Wissensgebiet stoßen, darüber nachdenken und dann sich daran beteiligen und verwenden,

Die meisten betrachten es als eine Utopie, dass durch konzentriertes Denken eine bleibende Besserung materieller Angelegenheiten herbeigeführt werden kann, also mit Unsichtbarem Sichtbares, Fühl- und Greifbares geschaffen wird. Die Möglichkeiten und Leistungen sind bedeutend größer. Nur halte ich es für unzulässig, dieses Wissen und Können zu verallgemeinern.

Aus dem Reiche der Wirklichkeit möchte ich noch erwähnen, dass die Großwelt zu der unsere Erde gehört, in der wir leben und alles was wir sehen, hören, fühlen, vernehmen nichts darstellt als die manifestierten Gedanken Gottes und zwar des Herrn aller Herren Ur-Sein – Ur-Licht – Ur-Leben. Dazu gehören wir selbst, alles Getier, Gewürm, Pflanzen, Mineralien. Dazu gehören alle sechs Wesenarten unserer Großwelt. Denk nach!

Es ist schwer, die Masse des Volkes zum Denken, geschultem Denken zu erziehen. Immer werden es nur wenige sein, die sich mit diesem Wissen befassen oder jene, die abseits der „Heerstraße" nach verborgenen Schätzen suchen.

Viele betrachten es als Phantasie, Utopie, dass durch das Denken eine materiell sicht- und fassbare Besserung im Irdischen herbeigeführt werden kann. Mittels Unfassbarem, Unsichtbaren, Greif- und Sichtbares. Doch beruht dies auf Tatsachen.

Nun wähne aber der Einzelne nicht, dass etwa durch eine vier- bis sechsmonatliche Teilnahme am Ring des „Mentalistik Erfolg Club" das Größte erreicht werden kann. Das ist nicht der Fall, sofern sich der Einzelne nicht bereits entsprechend geschult hat. Zumal die persönliche Kraft des Einzelnen für große Dinge zu leisten allein zu schwach ist. Wer also etwas langanhaltendes Positives oder Greifbares tatsächlich erreichen will, muss sich auf lange Zeit mit unserem Wissen befassen, muss die Gesetze der verborgenen Kräfte kennen lernen und durch systematische Übung die Körperzellen, Saug- und Strahlungsflächen (Chakren) zur größten Leistungsfähigkeit anspornen.

Die meisten hermetischen Wissensgebiete beruhen nun meist wie der Mentalismus auf dem gleichen Gesetze der Gedankenschulung. Mögen dies nun Gebetsheilungen, sympathetische oder magnetische Heilungen, Suggestion, Magnetismus, Hypnose, Telepathie sein. Dazu gehören aber auch Willenskultur, Sympathetik, Verwünschungen, Verzaubern, Behexen und wie sie der Aberglauben unserer Zeit diese Handlungen alle bezeichnet. Als Grundursache fand ich stets die Gesetze der Hermetik!

Hierbei gibt es eins zu bedenken: Beharrlichkeit und Ausdauer im Durchhalten der Übungen, bis der Schwerpunkt endgültig überwunden ist. Die Naturkräfte lassen sich nicht ohne Kampf für persönliche Zwecke dienstbar machen. So entstehen im Verlaufe der Zeit oft sehr heikle Situationen, die einen Lauen mutlos abbrechen lassen, weil er sich sagt: „Es ist doch alles vergeblich! Alles Unsinn!"

Gerade in diesem Zeitpunkte, in dem man sich „wie ausgepumpt und zerschlagen" fühlt, hängt der Erfolg nur noch an einer Haarsträhne. Darum durchhalten und der gewünschte Erfolg ist da!

Durch die tagtägliche Schulung der Gedankenkraft ist zugleich auch der geschulte Wille mitgeformt worden und dadurch verbunden mit der „Kunst des Denkens" wird der Erfolg gesichert.

Jeder Einzelne, systematisch geschult und ausgebildet, eingefügt in die Reihen der Wissenden, besitzt eine Macht in seinem Wollen, Denken, Fühlen und Handeln, deren Grenzen noch unerforscht sind!

Mit Bezweifeln kommt man der Wahrheit über eine Sache nicht näher, sondern allein durch Selbstüberzeugung!

Mir liegt es fern, für eine Sache oder Angelegenheit, von deren Wertlosigkeit ich selbst überzeugt bin, etwa Reklame zu machen.

Jeder, der mich persönlich kennt, weiß, dass das, was ich selbst lehre, anwende oder empfehle, dann auch gut ist. Sonst würde ich es selbst achtlos beiseite gelegt haben. Darum bitte ich jeden, welcher dieses Buch liest, das darin Gelehrte praktisch anzuwenden und nicht bloß zu versuchen!

Handelt er genau nach meiner Anleitungen, so hat er auch bestimmt sichtbare, greifbare Erfolge!

Jeder, der dies Buch in die Hand nimmt, soll es nicht bloß lesen, sondern darüber nachdenken und dann richtig gebrauchen!

Einleitung – Lieber Leser!

Dieses Buch übermittelt dir die Grundlage zur tieferen Erkenntnis der Natur an dir und in dir selbst: die innere Erkenntnis aller Dinge!

Willst du im Materiellen erfolgreich tätig sein, so musst du alle

Hilfsquellen und Mittel des Geistes, Unsichtbaren, Seelischen kennen und benützen. Du musst dich einfügen in den großen Bund der Gleichgesinnten und gleich ihnen an dir selbst arbeiten und täglich, zur festgesetzten Zeit, Stunde, Minute, mental dich mit ihnen vereinigen!

Zur Schulung deines „Ichs" widme täglich eine Stunde, unter allen Umständen, ohne jede Ausnahme, Ausrede, Entschuldigung, Ausflüchte.

Alle diese vorgebrachten Beschönigungen eigner Lau- und Trägheit lasse ich nicht gelten, selbst körperliche Erkrankungen nicht, denn das alles sind nur Störungsversuche, Auflehnungen des Grobstofflichen.

Das merke dir: Ohne die freiwillige Teilnahme am Hermetischen Bund brauchst du viele Monate, ja Jahre, um nur den sicht- und greifbaren Erfolgsbeweis aus und mit eigner Kraft zu erringen! Darum spare nicht am falschen Flecke!

Ich bin als ein offener ehrlicher Forscher bekannt, der nichts beschönigt, noch einseitig be- oder verurteilt; der die Wahrheit redet und schreibt, jedoch nicht übertreibt! Ganz gleich ob es diesem oder jenem angenehm ist.

Was ich lehre und schreibe ist die Frucht jahrelanger Forschungen und Betrachtungen, ohne mich durch oder von anderen beeinflussen zu lassen. Doch: „Du sollst nur das glauben, von dem du dich selbst überzeugt hast! Und dann, das weiß ich bestimmt, dann bleibst du auch der Anhänger unserer Lehre, mein Freund und Mitarbeiter!

Erst dann, wenn du mich voll und ganz verstanden hast, kannst du die „Wissenschaft des Geistes" richtig verstehen!

In der gesamten Welt gibt es viel Schundliteratur des Okkultismus, die den Wahnglauben vermehrt. Räumen wir damit gründlich auf und entfernen wir uns von allem anderen, was wir nicht gebrauchen können! Entgifte Geist, Seele und Körper, indem du dein Wollen, Denken, Fühlen und Handeln völlig umstellst!

Fangen wir also beim Hauptsächlichen, dem Denkvermögen oder der Lehre von der Gedankenkraft = Mentalismus an. Auch Mentalismus ist nur ein Wissensgebiet der „Wissenschaft des Geistes"!

Was ist nun ein Gedanke?

1. Antwort: Eine, in plastische Vorstellung gebrachte Idee des eignen oder eines fremden „Ichgedankens", oder:
2. Antwort: Ein abspringender oder von außen kommender anhaftender Funken der eigenen oder fremden Krafterzeugung.

Wie geschieht das?

- Durch das Denken (an sich) (Erzeugungsprozess).
- Durch das Nachdenken (Verarbeitungsprozess).
- Durch das Betrachten (Gestaltungsprozess).

Erläuterung:

Wir Menschen der Erde bestehen aus dem Fleischkörper (grobstofflich-irdisch-sichtbar); dem Astralkörper (feinstofflich-unirdisch-unsichtbar); dem Geistkörper (ätherisch-geistig-unsichtbar).
Mit „Geist" bezeichnen wir den „Ichgedanken!", das ist jener Lichtkraftfunken des Ur-Sein, der als der „Gedanke Gottes" nach dem Willen und Wollen seines Erzeugers (Schöpfers) gesetzmäßig alle Phasen des großen ewigen Kreislaufes durchwandelt, bis er wieder dorthin gelangt, von wannen er kam.
Aus dem Geiste sind sie alle erstanden und der Geist verschlingt sie wieder!
Diese wenigen Worte und Sätze lies ja mindestens zehnmal und zwar an jedem Tag eine andere Zeile, bevor du weiterliest, denn so du dies nicht richtig verstehst und darüber nachdenkst, kannst du auch nicht die diesen Grundlehren entspringenden Übungen und Handlungen richtig ausführen und erlernen!
Mit dem Begriffe „Gott" wird nun nicht an eine bestimmte Person oder Namensträger gedacht, noch bezeichnet. Sondern unter „Gott" verstehen wir die „Allumfassende Kraft" als Ur-Quell alles Seins, als Ur-Sein, ohne jede Personifizierung oder Gestaltung.
Die Wissenschaft des Geistes" ist nicht nur für eine Konfession oder Religion bestimmt oder ausgerichtet. Sie gibt keiner den Vorzug, noch verneint sie eine. Sie ist nicht an oder durch starre Formen gebunden, kann und wird es nie sein, da sie ja (an sich) die höhere Erkenntnis alles Geschehens ist. „Gott" ist also „Geist aller Geister", „Herr aller Herren", „König aller Könige", „Licht alles Lichtes", „Wesen alles Wesens", „Sein alles Seins", „Leben alles Lebens" – Allumfassende Kraft!
Alle auf Erden bestehenden Religionen und Konfessionen können immer nur Wegweiser oder Richtungsgeber zur Ur-Religion sein, zur „inneren Erkenntnis". Alle haben die gleichen Mängel, nämlich die mangelnde

Geistes-Schulung, besser gesagt: mangelnde Ichgedanken-Schulung, mangelnde Kenntnis der Kräfte und Mächte im Weltgeschehen, gewisse Oberflächlichkeit ihrer Lehren, gewisse Einseitigkeit, mangelnde „Schmiegsamkeit", mangelnde Kenntnis und Erkenntnis der Gesetzmäßigkeit im Weltgeschehen. Alle haben sehr viele Dogmatiker aber leider nur sehr wenige Mystiker!

Der „Gedanke Gottes", unser geistiges „Ich", erhielt als (Wesens-)Form die Gestalt Gottes, wurde so umhüllt. Das, an sich Flüchtige, wurde durch Festeres gebunden und dadurch in seiner (bisherigen) Freiheit und Beweglichkeit gehemmt.

Durch den Atem Gottes, das sind die Weltenergien, die Planetenströme, welche in bestimmten Grenzen und Zonen hin- und zurückströmen, gelangen die Gedanken Gottes, aus dem rein-geistigen in das unirdische und aus dem unirdischen in das irdische Sein; werden also in das Erdendasein und in einen Fleischkörper hineingeboren!

Zum feinstofflichen Körper kommt der grobstoffliche Fleischkörper. Dieser Fleischkörper ist nun eine genaue Nachbildung, besser gesagt: Umhüllung aller Glieder, Organe, Flächen und Zellen des feinstofflichen (Astral-) Körpers. (Anmerkung: Allerdings ist dieser Astralkörper ebenfalls nur eine Umhüllung des geiststofflichen und dieser wiederum des lichtstofflichen Körpers des ätherischen „Ichs".). Für den Mentalismus jedoch genügt die Kenntnis der gröbsten Körper des Ichs, des Ichgedankens.

Was ist nun das Denken?

Das Denken ist eine Funktion der Zellen und Organe des Astralkörpers, durch die Einwirkung des Ichs, infolge der Umwandlung (Transformation) der durch das Atmen aufgenommenen Energien und durch Übertragung auf die Organe und Zellen des Fleischkörpers. Es ist also an sich nichts anderes als ein Ausscheidungsprozess!

Der Fleischkörper ist nur eine irdisch-stoffliche Masse, mittels Astralmatrize geformt und vom Wirken des davon umhüllten Ichs abhängig, ohne Ausnahme. Es sei nun Mensch, Tier, Vögel, Gewürm.

Zur Astralmatrize wird jede Wirkung der Gestaltung, die durch den Verarbeitungsprozess eines Mächtigeren, der die von ihm aufgenommenen oder eingefangenen Gedanken umgestaltet. Dies geschieht so: Der anhaftende Gedanke wird durch das Atmen mittels der (körperlichen) Saugflächen durch die Nervenstränge in die Sammelzellen gezogen, um dort durch das Nachdenken die Form oder die Gestalt eines gewollten Dinges oder einer gewollten Wesensart anzunehmen, um dann durch das Wollen über die ableitenden Nervenstränge und den Strahlungsflächen ausgeschieden zu werden und im „Astralen" oder im Weltlichen in sichtbare Erscheinung zu treten.

Das Atmen ist ein konzentriertes Atmen, welches nichts anderes bedeutet und bezweckt als das Ich und die es umhüllenden Körper durch Energien bewusst durchströmen zu lassen. Unbewusst geschieht dies wohl auch in der einfachsten Art durch das Luftholen und -ausstoßen. Aber solange es an der Erkenntnis mangelt, bleibt viel zu viel Unreines, Schlechtes, unnützer Ballast haften. Dieses Unreine stumpft Saug- und Strahlungsflächen ab, lässt sie rosten. Die Nervennetze, Venen, Adern und Stränge verkrusten. Die Zellen schrumpfen zusammen, verschmutzen und versagen zeitweise vollkommen. Das überträgt sich allmählich in alle Gefässe des Blutes, körperliche Erkrankungen sind die Folgen.

Der Fleischkörper wird gebildet und ernährt durch das Blut, besser gesagt: durch die Stoffkraft, welche den Kraftstoff durchströmt, mittels der Flächengewebe, Venen, Adern, Stränge, Zellen, Zellengewebe, Zellengeflechte, Aufbau- und Ablagerungszellen. (Stoffkraft und Kraftstoff bilden zusammen das Blutum = vulgär: Blut.) Diese Stoffkraft ist abhängig vom Lebensstoff, der wiederum von der Lebenskraft flüssig und flüchtig gehalten wird. Dieser Lebensstoff aber ist sichtbar als der Inhalt des Nervengeflechtes im Körper (Nervenkörper) und in allen Organen. Dieser Nervenkörper aber ist der feinstoffliche Astralkörper, die Seele, als die feinere Umhüllung des Geistes, des Ich-Gedankens.

Zur Verständlichmachung diene folgendes Beispiel: Ein Artist trägt als äußerste Umhüllung den Straßenanzug, darunter die Unterwäsche (Unterzeug), welche die Hülle, des den nackten Körper umhüllenden Trikots ist. Eines ist immer die äußerste Umhüllung des Vorhergehenden. Trotzdem der Artist nicht weniger als drei Umhüllungen um seinen Fleischkörper hat, bleibt er auch immer in Form und Gestalt ein Mensch. Das Edelste und Beständigste ist immer das Innerste! Den Anzug fressen die Motten, zersetzt Licht, Luft und Wetter. Das Unterzeug wird zerwaschen, wird zersetzt durch die Ausdünstungen und Ausscheidungen des Körpers. Der Trikot zerreißt, nutzt sich ab. Selbst die Haut des Fleischkörpers erneuert sich allmählich. Ist der Mann nackend, so ist er doch vom geistigen Standpunkt aus immer noch mehrfach umhüllt!

Die Kunst richtig zu Denken!

Das Element Luft stellt eine grobätherische Masse dar, mit welcher die Form Erde umhüllt ist. Diese Masse wird durch die Elektronen der auftreffenden Energien in dauernder Bewegung erhalten. Würde dies nicht geschehen, so könnte kein Lebewesen bestehen, gleich, welcher Wesensart es angehört. Dies erzeugt die linden Lüfte, die Winde, die Stürme, die Orkane, je nach der Eigenart der vorherrschenden Energieelektronen. In dieser Masse schwimmen und treiben nun Schemen, Schatten, Larven, Phantome, Fabeltiere, Fabelwesen als Astralwesen drin rum. Dazu noch alle ausgeschiedenen Gedanken, seien es nun Segenswünsche, Flehen, Bitten, Gebete, Äußerungen, Formeln, Flüche, Verwünschungen, Ideen, Phantasien, Scheindarstellungen. Von den Wesen erdacht, ausgeschieden, ausgestoßen, ausgesondert. Ganz gleich von welcher der sechs Wesensarten herstammend, erzeugt. Alles dies wird nun von der Luft über und um die Erde getragen. Die einen müßig, langsam, die anderen rasend schnell. Etliche einzeln, manche in großer Gesellschaft. Diese bilden somit die äußeren Einflüsse. Was nun anstößt, wird von den Saugflächen aufgesogen, haften dann in den Sammelzellen und wirken sich dort aus, so sie nicht verarbeitet, umgeformt oder schnellstens wieder ausgeschieden werden. Jeder Atemzug bringt neue Ankömmlinge. Die meisten Menschen nehmen nun das Ankommende unbewusst oder aus Lau- und Trägheit in sich auf, manche machen sich die Eigenart des Aufgesogenen zu eigen, unterliegen jedoch fortgesetzt den weiteren, immer neu eindringenden Einflüssen. Angestrengt zu denken ist ihnen ein Greuel und so sind sie tatsächlich nicht viel höher als das Vieh auf dem Felde und im Stall.

Geschultes Denken – ist ein Erzeugungsprozess, Zeugung und Erzeugung zugleich und nur durch straffste, systematische Selbstschulung möglich.

Nachdenken – ist ein Verarbeitungsprozess aufgenommener fremder Gedanken, die aufgesogen wurden und sich, zu größten Teil als lästige Fremdkörper in den Körperzellen erweisen! Es ist dies die erste Stufe zum geschulten Denken.

Eine *Betrachtung* ist ein Gestaltungsprozess, entweder die Umformung aufgesogener fremder oder erzeugter eigner Gedanken(-formen und -wesen), zum Zwecke der Dienstbarmachung für Gemeinschaftszwecke. Dabei ist es nebensächlich ob astral oder materiell!

Eine *Versenkung* ist ein Verwirklichungsprozess als die weitere Fortsetzung des Vorstehenden, zur bewussten Aussendung der geschaffenen Gedankenformen. Deren Lebensdauer, Wirkungsfähigkeit hängt von der Stärke der eignen Willenskraft ab.

Das sind Grundlehren des Mentalismus, der Hermetik in der Vergangenheit, Gegenwart und Zukunft. In der Beherrschung dieser Grundlehren liegt der Schlüssel zur Macht, zu den magischen Kräften, zu den 78 Pfaden, zu den Wegen der Weisheit, zur bewussten Höherentwicklung des eigenen Ichs, des Geistes, zur den verschiedenen Wissensgebieten, zu den größten Erfolgen im Geistigen, Seelischen und Materiellen.

Beherrschen heißt aber nicht etwa bloß lesen, und dann weglegen, sondern handeln, üben, mit Beharrlichkeit und Ausdauer, allen Hemmungen und Hindernissen zum Trotz, regelmäßig, täglich, unablässig – bis zum Enderfolg!

Den Kernpunkt bildet das magische Denken. Nachdem du deine Gedanken und das Denken überhaupt in eine gewisse Reinheit gebracht haben wirst, indem du daraus entfernst, was nicht hineingehörte, beginne deine Denkweise nach den magischen Gesetzen umzuschalten. Der Denkprozess selbst stellt die praktische Verwendung der gesammelten magischen Kräfte dar, und bringt sie zur Ausstrahlung. Das Hinaussenden der magischen Befehle, verbunden mit der plastischen Vorstellung durch die Persönlichkeit schafft die Wirkung. Magisch denken heißt plastische Formen der Gedanken zu bilden und diese Bilder zu beleben, ein Schöpfer im Kleinen zu sein. Zur Verwirklichung sind verschieden lange Zeiten nötig. Bestimmt ist mehr als ein Arbeitstag darauf zu verwenden, die Richtigkeit der Angaben nachzuprüfen. Mit den Jahren stellt sich die Reife in der Sache ein. Es genügt nicht, dem Namen nach Magier zu sein, sondern die Fähigkeiten werden verlangt, als Magier zu leben. Du musst deinen Vorstellungsbildern bei der Behandlung Leben zu teil werden lassen. Die Kraft ist vorhanden, das Bild fortdauernd zu nähren und groß zu ziehen, dass es Gestalt erhält. Der Wille muss zur eigenen schöpferischen Kraft entwickeln, die Wirkungen zu erzeugen, denn die Allmacht der Weltseele ist zum Teil in dir tätig. Das magische Denken heißt weiterhin, die gewonnene Erkenntnis in die Tat umzuwandeln, sinnlich Wahrnehmbares in reale Formen zu bringen.

Der Denkprozess ist mit einer Geburt zu vergleichen, der eine Zeugung vorausgegangen war. Denn aus nichts kann nichts entstehen. Eine Wirkung muss stets eine Ursache zur Grundlage haben. Das Geschlechtsverhältnis

bleibt hier außer Betracht, denn in beiden Teilen ist der schöpferische Gedanke, die erschaffende Kraft vorhanden. Mit deinem Vorhaben musst du dich immer und immer wieder beschäftigen. Du bist in deinem Körper selbst die Linse, in die sich die Strahlen der umgebenden Kräfte brechen.
Es ist notwendig, den organischen Vorgängen und den Einrichtungen unseres Körpers näheres Interesse entgegen zu bringen, um einen kleinen Einblick zu erhalten. Der Denkprozess setzt im engeren Sinne 5 wichtige Nervenzentren voraus, von denen der Mensch gewöhnlich nichts oder nur sehr wenig erfährt. Dieselben werden bezeichnet mit Groß- und Klein-Gehirn, die Zirbelpartie, die Saugnervennetze der Schläfen und die Strahlungsflächen der Stirnhaut. Außer diesen Stellen finden wir am Körper sogenannte Nebenstellen, die ebenfalls Saug- und Strahlungsflächen darstellen. Beim Manne sind dies die inneren Handflächen, das Nebenfeld, die Brustwarzen und der Penis. Bei dem Weibe ebenfalls die inneren Handflächen, die Brüste, Nabelfeld, Vagina. Die Handteller, Brustwarzen und Nabelfelder geben Saugflächen ab, Penis und Vagina sind Strahlungsflächen. Groß- und Kleingehirn mit der Fläche der Zirbeldrüse bezeichnen die Sammelstellen, Brennspiegel der Umformungsstellen aller aufgesogenen Strahlungskräfte. Die Nervennetze der Schläfen sind die Saugpunkte am Kopfe und die Haut dient als Sendefläche (vgl. die okkulte Anatomie im „Adepten". Der Hrsg.). Wahrscheinlich herrscht die Meinung vor, dass wir mit dem Gehirn denken. Dieses denkt aber überhaupt nicht selbständig. Es kann nur das Aufgesogene sammeln und umformen, je nach dem Willen des herrschenden Geistes. Der Denkprozess selbst ist eine reine geistige Angelegenheit und kein Organ der Hülle des Körpers kann diese Handlung erzeugen. Den Körper haben wir als eine wunderbare Maschine und doch als vergängliche, grobstoffliche Substanz zu betrachten. Das Grobstoffliche kann nur das gleiche Element hervorbringen. Das Leben und alle feinstofflichen Funktionen sind unabhängig vom Körper.
Nach einem inspirierten Werke wird das Gehirn des Menschen als eine Anzahl von Pyramiden geschildert, deren Seitenflächen Tafeln bilden, welche von den davorstehenden Obelisken beschrieben werden, wodurch das Gehirn als Sammelstelle erklärt ist. Die Sinne des physischen Körpers, Gesicht, Gehör, Geschmack, Gefühl, Geruch lassen wir außer acht und befassen uns mit dem 6. Sinn des Denkens. Der 6. Sinn ist ein speziell geistiges Produkt des eigentlichen Geistkörpers. Es konnte wohl die Frage aufsteigen, wo wohl der Sitz im Blut- und Nervenstoff sich befindet, was den 6. Sinn ausmachen soll. Im Astralkörper sind die Teile und Organe

vorhanden und zwar immer, wenn auch der sichtbare irdische Körper verunstaltet wurde. Hierher gehört die Klage der Amputierten, welche über Gliederschmerzen berichten an Teilen, die gar nicht mehr vorhanden sind. Der Astralkörper ist dem Erdenkörper nachgebildet. Verwundern braucht es darum nicht, wenn uns Gestalten begegnen, deren vergilbte Gemälde in irgendeinem Museum am Verstauben sind. Das Bildnis scheint lebendig geworden, obgleich nur der Astralkörper sich auf Wanderschaft befindet. In das Erdenleben kehren wir immer wieder zurück, nur sind die uns umgebenden Verhältnisse und die Erdenkörper stets anders. Der Geistkörper aber bleibt sich gleich, da er von demselben Stoff gefertig ist, wie alle Unsichtbaren. Das Denken ist damit eine rein geistige Angelegenheit des Astralkörpers. Wo sind die Gedanken? Die Gedanken gleichen den Wellen der Kraftfunken, welche durch die Saugflächen aus den uns umgebenden Energien aufgesogen und von den Sammelorganen aufgespeichert worden sind, um dann zu einer geeigneten Zeit als eine bestimmte Ordnungsform ausgestrahlt, ausgestoßen zu werden. Das Denken ist unmöglich, wenn die Sammelorgane leer sind. Das richtig intensive Denken bleibt auch dann vorbehalten, falls die Sammelorgane mit wertlosen Elektronen überladen werden. Letzteres tritt besonders ein, wenn die Seelenschwängerung durch die Besessenheit besteht. Seelenschwängerung ist vorhanden, wenn sich außer dem herrschenden Geiste noch weitere Seelen eingebürgert haben. Solche Gäste können Abgeschiedene, sogenannte Schlafwandler sein oder auch ungeborene Unsichtbare der untersten Entwicklungsstufen, die auf diese Art einer direkten Inkarnation aus dem Wege gehen. Der Zustand stellt sich nur als zeitweilig, in vielen Fällen bildet er aber einen dauernden Hinderungsgrund. Die Besessenheit besteht solange, bis der eigentliche Herr des Erdenkleides wieder zur Macht kommt, sonst zeitigt erst der Tod die reinliche Scheidung.
Die Gedanken sind formvollendete Kraftfunken. Von uns wird darum die Reinigung der Sammelorgane verlangt, die sonst eine Beeinflussung unmöglich zu machen. Das Großhirn ist die Sammelstelle für die Sinnenwerkzeuge. Das Kleinhirn stellt die Zentrale für das Blut und Nerven-System dar. Die Geschlechtsorgane mit ihren vielfachen Nebenstellen gehören auch dazu. Die Zirbelpartie ist die Sammelstelle der Saug- als auch der Strahlungsflächen. Ein begrifflicher Unterschied muss aber eingeschaltet werden. Sinnliche Erregungen, welche durch die Aufnahme von Strahlen aus anderen geschl. Körpern aufgenommen

wurden, sammelt sich in der Zirbelpartie. Die Abgabe von Sperma und Vaginalsekret, geschieht vom Kleinhirn aus, als der Sammelstelle für stoffliche Ausscheidungen. Die Zirbelfläche, fälschlich Zirbeldrüse genannt, ist also die Bindungsstelle des Geistkörpers mit dem Fleischkörper. Sie ist wichtiger als das Nabelfeld, welches den Namen Sonnengeflecht führt. Die Austrittsstelle des Astralkörpers beim Wandern liegt hier. Die Knochen an den Schläfenstellen des Kopfes sind sehr dünnwandig. Darunter liegen die Nervennetze der Saugflächen. Infolge unserer Kultur werden die anderen Saugflächen unseres Körpers meist mit fast undurchlässigen Kleidungsstücken bedeckt und es tritt zeitweise Verkümmerung ein, worunter der ganze Organismus leidet. Die Schläfenpartien werden darin immer empfindsamer, um die Elektronen aufnehmen zu können. Wollen wir uns aber kräftigen und vervollkommnen, so müssen wir unseren Körper möglichst viel mit allen seinen Organen entblößt der Einwirkung des Lichtes und der Energien aussetzen. Der 6. Sinn hat davon den meisten Nutzen, die Steigerung zu erwarten. Die Stirn bildet eine besondere Strahlungsfläche. Haben wir die in Form gebrachten Kraftfunken ausgestrahlt, ein Vorgang, der dem Menschen nur im Hellgesichte wahrzunehmen möglich ist, er bliebe sonst unbewiesen, dann gleicht die Stirnfläche einer Platte, von welcher nach vorn und nach der Seite größere und kleinere Funken abspringen. Je geschulter der Denker nun ist, umso stärker und anhaltender wird die Strahlung sich zeigen. Die Ausstrahlungsart gibt auch jeweils die Verwendungsstärken der gegebenen Lehren ab. Von Natur aus kann jeder Mensch denken, wenn auch dieses verwirrt ausfällt. Wer aber ein Wissender zu werden wünscht, der muss das richtig geordnete Denken erlernen. Es bedeutet den Schlüssel zum magischen Erfolg und der möchte jedem doch beschieden sein. Zuerst die Reinigung der Sammelorgane. Sie wird verbunden mit dem körperlichen Ruhen unter Ausschaltung der übrigen Sinne. Die Unmöglichkeit, einen Gedanken klar zu fassen, entsteht und es erscheint ausgeschlossen, die vorherrschenden Eindrücke zum Verschwinden zu bringen. Das Wort Kraft als Konzentration besitzt eine eigenartige Saugwirkung und es wird eher als andere in dem Gedankenwirrwarr Ruhe bringen können. Die eindringenden Kraftfunken verstärken dieses dort und bilden dadurch einen in Form gebrachten Gedanken. Alle Kraft wird zum Sammelorgan übergeleitet, bis die vorhandene Kraft in anderer Form wieder ausgesandt und im Nebenorgan, im Nabelfeld und dem Geschlechtsorgan aufgespeichert ist. Jedes beliebige andere Glied des

Körpers kann mit dieser Kraft gefüllt werden, wenn dieses unter Zuhilfenahme der Vorstellung übertragen wird, wie auch aus beliebigen Stellen die Kraft herausgezogen und umgeleitet gesammelt werden kann. Unsere inneren Handflächen sind nicht umsonst als Saugflächen ausgebildet. Mit ihnen können wir vorhandene Schmerzen aufsaugen und über- oder ableiten. Über alle die möglichen Übertragungsarten erfolgt die Ausführung in der Praktik. Geschultes Denken heißt nun, die gesammelten Kraftfunken in eine gewollte Form zu bringen, zum Unterschiede vom gewöhnlichen Denken, bei welchem die aufgenommenen Kraftfunken in zufällige Formen übertragen werden. Die richtige Weise kann nur durch täglich systematische Übungen geschehen. Die Tageszeit in der Anwendung ist dabei gleichgültig. Nicht die Körperhaltung, sondern die Vorstellung des Willens gibt dabei den Ausschlag. Als Hilfsmittel ist dabei die magische Stirnbinde bestens zu verwenden. Sie fördert die Übungen außerordentlich. Ein anderes Instrument stellt die Arbeit des Herrn Müh im Konzentrator dar. Er wirkt aber nach innen auf die Zirbeldrüse. Die magische Stirnbinde dagegen gibt die Funken vorteilhaft nach außen ab und schafft durch den Saturntalisman eine Ausstrahlung auf breitem Felde. Gerade durch den Anfänger tritt durch die Stirn eine zu große Strahlung ein (Streuung der Strahlen). Eine derartige Streuung hat einen zu großen Kräfteverbrauch im Gefolge. Die gesammelten Kräfte werden fast ausnahmslos verbraucht, statt sie zu sammeln und sparsam geformt auszustrahlen. Gedankenformeln sind unmöglich, einmal saugend und dann ausstrahlend, um die gewünschte Wirkung auszulösen. Lange Sprüche ermüden und verwirren. Gefordert wird die Kürze, die alles enthält, was erreicht werden soll. Der einmal gefasste Gedanke muss festgehalten werden und zur Durchführung gebracht, Erfolge zeitigen. Nicht heute dieses und morgen jenes aufstellen. Ein Durcheinander führt den Zusammenbruch herbei.

Denken heißt aber auch nicht sprechen. Selbst der Flüsterton ist abzulegen. Beim richtigen Denken muss von jedem gedachten Worte die plastische Vorstellung geprägt werden, als ob die Wirkung erst schwach und dann bei jeder Übung sich steigere, bis sie immer größer werdend dem geistigen Auge erscheine. Ist dieses Stadium erreicht, dann bedarf es nur noch eines energischen Befehls, und der in Form gebrachte Gedanke verlässt das Gehirn (Geist) und schafft das gewünschte Resultat. Er tritt dort auf, wohin er gerichtet ist. Das Schließen der Augen bei den Übungen ist sehr zu empfehlen. Für den hellsehenden Menschen besteht die Möglichkeit, die immer größer werdenden Gedankenwellen von der Zirbeldrüse nach der Stirnwand branden zu sehen. Wie Meereswellen müssen die geschulten Gedanken dagegen schlagen, den wuchtigen Brandungswellen vergleichbar, die bei Flut immer heftiger gegen die Dünen angehen. Die geformten Gedanken besitzen dann eine durchschlagende Wirkung und reißen alles Gegensätzliche nieder, je länger die Ausstrahlung stattfindet, um so stärker werden sie sich beim Auftreten bemerkbar machen.

I. Grundübungen:

Erste Übung – Muskelruhe

Es wäre ein Unding von einem Laien, nun sofort etwa Gedankenruhe üben zu lassen, denn das ist für einen solchen eine unerfüllbare Aufgabe, weil durch die Saugflächen, auch während der Übung äußere Kraftteile, Energiewellen, neue Atome und fremde Gedanken aufsaugen, eindringen, bevor man nicht selbst soweit ist, durch magischen Wollen des Ichgedankens diese automatische Tätigkeit zu unterbinden, zu erschweren, zu verhindern.

In einem ruhigen Zimmer, nachdem Versorge getroffen worden ist, dass keine Störung durch Personen und so weiter eintritt, setze dich auf einen bequemen (Sessel) Stuhl, schließe die Augenlider und bemühe dich nur das Wort: „Kraft" zu denken, ohne jedoch nur ein Glied des Körpers zu bewegen, zu verrücken. Behalte die eingenommene Körperhaltung inne, bis ein Mattigkeitsgefühl die Fortsetzung der Übung unmöglich macht. Da brich die Übung ab und wiederhole die Übung am folgenden Tage und soweit täglich. Beginne mit einer Minute (60 Sekunden) Übungsdauer und steigere sie alle drei Tage um je eine weitere Minute, bis zu 30 Minuten Dauer. Das ist die gewöhnliche Grenze. Der magische Praktiker setzt es bis zu fünf volle Stunden durch – aber alles mit Bedachtsamkeit – denn: Eile mit Weile!

Es treten nun hierbei viele Störungen auf: Jucken der Haut, Kribbeln, Hustenanfälle, Schlafanwandlung, zahlreiche störende Gedanken. Alle diese Ablenkungen sind unberücksichtigt zu lassen und sind unbedingt zu überwinden.

Die Übung ist nicht vorschriftsmäßig gemacht, wenn in der Übungsdauer auch nur eine Sekunde Ablenkung erfolgt ist. Je härter und strenger man mit sich selbst von vornherein ist, um so leichter fallen später die schweren Übungen und Gebrauchshandlungen (siehe vierter Band: „Enthüllte Archive geheimer Wissenschaften"). Es gibt keine Ausrede oder Entschuldigung: „So schlimm wird es nicht sein! Der sieht es ja nicht! Es kommt nicht so genau drauf an!" Gib dich keiner Täuschung hin. Wenn dich keiner persönlich dabei beobachten kann, das Auge Gottes sieht dich immer!

Die Übungsdauer ist nur dann als erfüllt anzusehen, wenn in der vorgesehenen Übungszeit absolut keine Ablenkung erfolgte, also auch der Körper nicht rebellierte. Treten Störungen ein, so gilt diese Übungsdauer nicht und muss wiederholt werden. Es kann mithin nicht etwa längere Zeit geübt werden, ohne Rücksicht auf die ordentliche Durchführung zu achten. Je peinlicher diese Grundübungen erlernt und beherrscht werden, um so besser ist es für die kommende Fortentwicklung. Lasse dich der Mühen nicht verdrießen! Dann wird es dir tausendfache Früchte bringen.

Noch eins: Sprich nicht zu anderen über deine Übungen, noch deine Absichten – und seien es auch Familienangehörige!

Erstens: Die meisten verstehen dich nicht und spötteln nur darüber!

Zweitens: Vergeudest du nur leichtfertiger Weise die neugewonnene Kraft! Über das, was man will, spricht man vorher nicht. Wer etwas darüber wissen will, soll es selbst erlernen, oder sich näher mit der hermetischen „Wissenschaft des Geistes" befassen.

Zweite Übung: Gedankenruhe!

Setze dich bequem auf einen Stuhl! Körperhaltung wie bei der ersten. Übe zuerst Muskelruhe. Ungefähr 10 Minuten lang, dann stelle dir das Wort „Kraft" als vor dir an die Wand geschrieben vor, in strahlender Schrift, einer Farbe, die mit dir sympathisiert, also die deine ist. (Vielmehr derjenigen Energiezone, aus der du (dein Geist) selbst stammst.) Anfangs nur eine Minute lang. Jedoch ist jeder andere Gedanke absolut auszuschalten. Alle sind auszulöschen.

Übe solange (jeden Tag wiederholend) bis es dir gelingt. Dann bis zur Geläufigkeit, das heißt: es muss Gewohnheit werden.

Ist dies geworden, dann stelle dir nur den Buchstaben „K" vor, der dieselben Empfindungen in dir auslösen muss, wie das ganze Wort. Übe, bis es dir gelingt und du nur dein Wollen in den Zustand der Gedankenruhe bringst. Dann lösche auch diesen Buchstaben und stelle dir nur einen leuchtenden Punkt in jener Farbe vor. Übe dieses, bis es dir gelingt eine Minute Gedankenruhe zu halten. Nun steigere die Übungsdauer durch langsame Verlängerung der Übungszeit, bis es dir gelingt, volle 15 Minuten lang Gedankenruhe zu erzeugen. Bist du soweit, dann wirst du gewahr werden, welche Fülle an Kraft und Kraftentfaltung du dadurch gewonnen hast und immer wieder erneut gewinnst, so du diese Übung vornimmst.

Dritte Übung: Nachdenken

Setze dich bequem in einen Stuhl oder in einen Lehnsessel. Schließe die Augenlider und lasse die Geschehnisse des Tages vor deinen inneren Augen (durch die Lider überdeckten Augen) vorüberziehen. Greife nun jede Stunde um Stunde zurück. Dann Tage um Tage. Mit den angenehmen Erinnerungen halte dich nicht lange auf als mit den unangenehmeren. Weise alle anderen, fremden Gedanken ab, die nicht zu denen gehören, die du jetzt sehen, fühlen und erkennen willst. Schweife nicht ab und bleibe (trotz ev. eintretender Körperstarre) völlig wach! Sobald du ermüdest, höre auf! Jedoch suche bereits am ersten Tage und Übung bereits mindestens eine volle Minute Nachdenken störungsfrei zu erzielen! Steigere die Übungsdauer um jeweils eine Minute nach ca. fünf weiteren Übungstagen. Sobald du die Zeit von 15 Minuten, ohne jede innere und äußere Störung durchführen kannst, lerne nunmehr eine weitere Übung dazu.

- Nachdenken heißt: einen Hauptgedanken festhalten und durch (gewollte) Nebengedanken klären, erläutern, vermehren, verringern, ergänzen.
- Nachdenken soll Ordnung in sich und mit sich selbst schaffen. Das Empfindungsvermögen verbessern.
- Nachdenken soll die Geflechte, Gewebe und Zellen reinigen. Es soll aber auch die eigene Erkenntnis bereichern.

Vierte Übung: Konzentration

Ziehe auf einem weißen Kartonbogen einen Kreis von 9 cm Durchmesser und fülle ihn mit schwarzer Tusche aus. Wiederhole dieses Schwärzen so viele Male bis eine völlig schwarze (tiefschwarze) Fläche entstanden ist. Diesen Karton hänge nun in Augenhöhe (beim Sitzen) auf. Zuvor stecke jedoch in die Mitte der Fläche eine kleine Stecknadel mit Kopf. Setze dich nun bequem in einen Sessel oder auf einen Stuhl. Lege die Hände auf die Knie und lasse die Muskelruhe eintreten. Dann richte deinen Blick fest auf den Stecknadelkopf und lasse als einzigen Gedanken das Wort „Kraft!" gelten. Nichts anderes! Nicht mit den Augenlidern zwinkern! Weder die Zunge, noch etwa ein Glied bewegen! Nichts anderes existiert als jener kleine Stecknadelkopf im schwarzglänzenden Kreis! Und dazu: „Kraft"!

Die schwarze Scheibe wird grau, erhält einen gelbleuchtenden Rahmen, wird milchig, später allmählich weiß, dann durchsichtig wie Fensterglas. Aber jeder fremde Gedanke, jede noch so leiseste Bewegung stört die Entwicklung, zerstört den Erfolg und du kannst von Neuem anfangen. Beginne mit einer Minute Übungsdauer. Steigere allmählich, bis du bequem 15 Minuten durchhalten kannst. Machst du es richtig, so wie es von den alten ägyptischen Priester gefordert wurde, so wirst du diese Grundübungen für die weitere Zukunft nicht mehr missen wollen, denn sie geben dir mehr als ich hier schreibe.

Fünfte Übung: Betrachtung

Aus der vorigen Übung heraus entwickelt sich die Betrachtung mit allen ihren Begleiterscheinungen. Die Betrachtung ist unersetzliches Hilfsmittel in allen Angelegenheiten des irdischen und unirdischen Daseins. Es ist diejenige Grundübung, welche zur Handlung, zur Ekstase, hinüberführt und die den (in sich) gezeugten oder erzeugten Gedanken verwirklicht. Ohne diese fünf Grundübungen ist es zwecklos, irgendeine magische Praktik vorzunehmen! **Deren gründlichste Erlernung ist unumgänglich.** An diese Grundschulung kann sich dann die Spezialschulung in weiteren Wissensgebieten der Geisteswissenschaften anschließen! Die Möglichkeit dazu bietet in diesem Buche ja bereits weitere Kapitel.

Die Betrachtung ist die Fortsetzung der Konzentration. Sie kann weiterhin noch mehr gesteigert werden zur Versenkung. Doch weiß ich bestimmt, dass nur sehr wenige Menschen sich zu dieser hohen Stufe geistiger Entwicklung und Vervollkommnung emporschwingen. Den Weg und die Mittel zeigten schon früher die ägyptischen Priester. Gehen aber und gebrauchen müsst ihr sie selbst!

II. Unser System

1. Die altägyptischen Regeln:

1. Den Lehren der Wissenden und Lehrer lauschen und deren Schriften und Werke lesen!
2. Sich aus denselben eine Lehre auserwählen und die anderen als für sich zwecklos verwerfen.
3. Sich mit bescheidenen Lebensverhältnissen begnügen; sich demütig verhalten; nie sich vordrängen; noch zu den Großen dieser materiellen Welt gehören wollen. Hinter dieser unscheinbaren, unbedeutenden Außenseite jedoch den Geist, den eignen Ichgedanken zu den höchsten Höhen erheben, weit über allen weltlichen Glanz und Ruhm schweben!
4. Gleichgültig gegen alles sein! Gleich dem Hund sich von dem nähren, was die Gelegenheit bietet. Keine Auswahl unter den dargebotenen Dingen treffen! Alles nehmen, wie es kommt: Reichtum und Armut, Lob und Verachtung. Nicht mehr unterscheiden zwischen Tugend und Laster, Ruhm und Schande, Gut und Böse! Sich weder betrüben, noch Reue empfinden oder Bedauern fühlen, was man immer auch getan haben mag und ebenso wenig Freude oder Stolz über irgendetwas zeigen!
5. Ohne Erregung, freien Geistes, den Streit, die Hemmungen und die vielgestaltete Tätigkeit der Menschen betrachten. Denken: so ist eben die Natur der Dinge; so sind die verschiedenen Persönlichkeiten einmal beschaffen! Die Welt so sehen, gleich, wie ein Mensch vom höchsten Bergesgipfel aus auf die Täler und niederen Hügel unter sich herabschaut!
6. Tiefste Verschwiegenheit über:
   a) alle magischen Handlungen,
   b) alle Versenkungen (Betrachtungen),
   c) alle mystischen Denkübungen,
   d) die eignen philosophischen Ansichten,
   e) die eignen religiösen Ansichten.
7. Nur der geistige Berater, (der Schutzgeist) hat das Recht, sich in diese (an sich eigenen Angelegenheiten und Ansichten des Studierenden) zu mischen. Außer diesem hat und kann niemand

Aufschluss und Rechenschaft fordern oder verlangen!
8. Unbedingter Gehorsam, für die Dauer der Schulung, in allem, dem geistigen Berater gegenüber, wie es der Meister in seinem „Adepten" geschrieben hat!

Die ganze Schulung besteht aus Übungen der verschiedensten Art und den verschiedensten Zwecken. Es wird hierzu nur die allernotwendigste Erklärung gegeben. Das meiste musst du selbst in dir, infolge der Übungen und der daran anschließenden Betrachtungen, finden.

2. Die hermetische Wissenschaft des Geistes besteht aus:

1. Geist-Begriff des Ichgedankens.
2. Dem Denken in seinen Arten.
3. Geballtes Denken.
4. Betrachtungen.
5. Geformtes Denken.
6. Aussenden.
7. Nicht-Denken – die Gedankenstille.
8. Schöpferisches Denken in der Gottverbundenheit.
9. Sichtbarmachung des eigenen Ichs.
10. Lebens Denken.
11. Belebung des an sich Toten durch schöpferische Kräfte.
12. Belebung des an sich Lebenden.
13. Belebung der Scheingestalten.
14. Belebung des Gegenstände, Bilder, Statuen usw.
15. Belebung des Yidams usw.
16. Vorbereitung zur Auslösung in späteren Zeiten.

Formel zur Kraftentfaltungsübung:

Gebrauche diese Formel im Stehen, im Gehen, im Sitzen, im Liegen zu jeder Zeit und Stunde und bemühe dich nur diese eine Formel zu denken, ohne, dass ein anderer in dir Platz greife, dich ablenke und verwirre:

„Meine Geistes- und Willenskraft vermehrt sich täglich!"

Dies übe täglich, beharrlich, bis du stundenlang, mühelos nur diesen einen

Formelsatz als Gedanke festzuhalten vermagst. Dabei wirst du die verschiedensten Empfindungen, Visionen, Illusionen und Sonstiges erleben. Lasse dich nie ablenken, noch beeinflussen! Den Blick richte geradeaus auf einen Punkt und schweife davon nicht ab. Tritt Augenreiz ein, so schließe kurze Zeit die Augenlider, ohne den Denkprozess zu unterbrechen und ohne zu schlafen! Beginne mit einer Minute Übungsdauer! Alle neun Tage gib eine weitere Übungsminute zu, bis du es mindestens 15 volle Minuten Übungsdauer durchführen kannst.

3. Altägyptische Kultvorschriften:

1. Niemals eine Gnade erbeten, sondern es werden lediglich nur Wünsche geäußert.
2. Die Reden und Gegenreden (Gesänge) dienen der Betrachtung, nicht aber für das Seelenheil der Gläubigen.
3. Der einfache Segen wird mit dem Wedel gegeben.
4. Der stärkere Segen wird durch Anhauchen gegeben.
5. Noch stärker wird der Segen durch das Auflegen der Hände auf die Schultern.
6. Noch stärker durch das Auflegen der Hände auf den Kopf.
7. Der stärkste Segen wird durch geistige „Bestrahlen" übermittelt.
8. Eine Kulthandlung ist das Gewähren der Erfüllung von Wünschen. (Andacht bzw. Anhkur)
9. Eine Kulthandlung ist das Vorbereiten zum Sterben.
10. Eine Kulthandlung ist die Hilfe für Abscheidende.
11. Eine Kulthandlung ist die Hilfe für Entkörperte.
12. Eine Kulthandlung ist die Totenfeier nach hermetischen Ritus.

4. Geistesfreiheit:

1. Es herrscht in allem völlige Geistesfreiheit.
2. Ebenso äußerliche Ungebundenheit.
3. Kein Eheverbot.
4. Keine Verneinung sinnvoller irdischer Genüsse.
5. Keine Gemeinschaftswohnungen, sondern Einzelwohnungen.
6. Kein Gelübde der Armut.
7. Freizügigkeit, in Bezug auf den Aufenthalt in beliebigen Ländern und Siedlungen.

8. Freiheit in der Ausübung bürgerlicher und rein weltlicher Berufe.
9. Eigene Gerichtsbarkeit.
10. Unbedingter Gehorsam, dem geistigen Berater (Schutzgeist) gegenüber.

5. Die Welten:

Unsere Groß-Welt besteht aus:
1. Schatten- oder Schein-Welt. Welt der Mischkörper.
2. Irdische Welt, die Welt der Fleischkörper.
3. Zwischen-Welt, die Welt der Astralkörper.
4. Geist-Welt, die Welt der Gedankenkörper oder des Mentalkörpers.
5. Licht-Welt, die Welt der reinen Lichtkörper.

Die sechs Wesensarten

Unsere Groß-Welt wird von den sechs Wesensarten bevölkert:
1. Götter (höchste Wesensart).
2. Halbgötter (Nichtgötter, Göttliche, Fürsten, Herren.)
3. Irdische (Menschenrassen, -geschlechter, -stämme und -völker.)
4. Unirdische (Genien, Guma, Menschen, Dämonen, Diener.)
5. Irdische Formen (Tiere, Vögel, Gewürm, Insekten, Fische.)
6. Unirdische Formen (Ungeheuer, Ur-Tiere, Fabelwesen, Schatten, Seelen.)

Alle sechs Wesensarten pflanzen sich durch (magische) Zeugung fort. Die Götter, die hier als höchste Wesensart bezeichnet werden, haben nichts mit den Gottheits-Teilen (Eigenschaften des Ur-Seins gemein, welche außerhalb unserer Großwelt wohnen, und die *siebte* Wesenheit bildet!) Zum besseren Verständnis nennen wir von diesen Göttern dieser Groß-Welt: Shiva, Wishnu, Buddha, Jesus usw. Das heißt Buddha, Jesus usw. errangen als Erdenmensch durch seine Schulung des eignen Geistes die höchste Entwicklungsstufe dieser Großwelt.

6. Das Amenti:

Das Amenti dient teils als Zwischenwelt, teils als Schattenwelt dem Übergange aller Wesensarten. Im buddhistischen wird es mit Bardo bezeichnet:

1. Der Bardo ist bevölkert von Schemen, Schatten, Ungeheuern, Fabelwesen, Dämonen, Abgeschiedenen, Entkörperten und Gedankenwesen.
2. Er ist die Welt der Sinnestäuschungen und Visionen.
3. Der Bardo ist die Übergangswelt zur erneuten Einkörperung in einen Körper einer der sechs Wesensarten.
4. Es zeigt sich im Amenti die Gebärmutter der Menschen als Grotte, die Tiere als Paläste, die Halbgötter als Hüter, die Götter als Felsengräber.
5. Der eigne Drang bestimmt die Art der erneuten Einkörperung. Je geringer die Wesensart, umso größer die Illusion.
6. Herr der Zwischenwelt ist der Totenrichter Namens Nemesis oder Anubis. Er bestimmt die Wesensart, die Welt und die näheren Umstände der erneuten Einkörperung aller vor ihn gelangenden Abgeschiedenen und Entkörperten.
7. Jedoch nur die Unwissenden, Ungeschulten gelangen vor ihn, denn sie wandern ziel- und planlos umher.

Wer durch Selbstschulung seinen Astralkörper (bei Lebzeiten als Erdenmensch) ausgeglichen hat, dass er seinen Weg zur Gottheit blind erkennt, braucht weder den Bardo noch den Totenrichter zu fürchten, denn er gelangt nicht zu ihm.

7. Vorkommnisse:

1. Unbewusst hervorgebrachte (Vorkommnisse) durch eine oder mehrere Personen.
2. Bewusst Hervorgebrachte, die auf ein bestimmtes Ziel gerichtet sind. (Meist nur durch eine Person.)
3. Die Erzeugung der Vorgänge hängt von der Stärke und der Betätigungskraft ab, die man der ausgesandten Kraftquelle gibt.
4. Die Kraft wird durch geschultes Denken erzeugt, in und während der täglichen Übungen.
5. Man kann mit dieser Kraft an sich leblose Gegenstände laden und denselben, die darin aufgespeicherte Kraft entnehmen oder entnehmen lassen. (Mittels Segen, Weihen, Verwünschungen, Verfluchen, Bestrahlen.)
6. Die auf den Gegenstand übertragene Kraft belebt ihn und vollzieht

die Befehle des Senders.
7. Die Kraft wird auch in die weite Ferne übertragen und erzeugt dort Vorkommnisse.
8. Die Kraft kehrt nach dem Auftreffen und Auslösen der gewollten Vorkommnisse zum Sender zurück.
9. Die Kraft kann bei den Mitmenschen Täuschungen hervorrufen.
10. Die Kraft kann abgestorbene Körper beleben.

8. Betrachtungsformeln:

1. Für Schüler, Mysten und Magier: Ehre sei Adonai! In der Sprache der Götter, der Wesen, Vorsteher, Dämonen und Menschen; in der Sprache aller Wesen, so viele es deren auch gibt, verkünde ich die Lehre!
2. Für alle Gläubigen und Anhänger: Ich nehme meine Zuflucht zu allen reinen Zufluchtsorten. O ihr meine Väter und Mütter, die ihr im Kreise der aufeinander folgenden Wiedergeburten umherirrt und euch in die sechs verschiedenen Arten der Lebewesen kleidet; mögen eure Gedanken sich der Erleuchtung zuwenden, auf dass ihr zum Lichtstand eingeht, der frei ist von Furcht und Leiden!
3. Zur Betrachtung: Aus dem Geiste gehen sie alle hervor und der Geist verschlingt sie wieder!
4. Zur Betrachtung: Meine Gedanken wirken in der weitesten Ferne, denn sie werden dahin kommen, wohin ich es will, vom Winde getragen!
5. Zur Betrachtung: Entzünde Ur-Licht meine Flächen und durchglühe mich ganz, unendliches Feuer!

9. Der Mensch als Transformator – als Adept!

Mentalismus ist also die Lehre der verborgenen Gedankenkräfte. Was sind also Gedanken? Gedanken sind organisch geformte Bilder, in bestimmten Körperorganen, Zellengewebe entstanden; gesammelte Funken der Körper-Energie. – Der vorstehende Satz ist nun schwer zu verstehen und ich muss mich daher deutlicher ausdrücken. Nach der magischen Anatomie gelten die Gedanken als Resultate der Gehirnarbeit. Der Wissenschaftler und Chirurg hat diese Zellen im toten Körper nicht gefunden. Deshalb will ich es Ihnen an Ihrem eignen Körper erläutern. Blicken Sie in einen

Spiegel! Sie erblicken darin Ihr Gesicht mit allem, was dazu gehört. Sie sehen außer Mund, Nase, Augen, Ohren, die beiden Schläfen, links und rechts und die breite Stirnfläche. Wer eine breite und hohe Stirn besitzt, von dem sagt der Volksmund: „Der hat eine Denkerstirn!" Fühlen Sie nun mit der Hand, vom Scheitel beginnend, langsam nach der Stirn zu und Sie merken eine fast unmerkliche Vertiefung. Das ist die Stelle der Schädeldecke, die sich bei Neugeborenen erst nach etlichen Wochen schließt. Unter dieser Stelle liegt ein sehr wichtiges Organ: die Zirbelzelle. Bei der Sezierung zeigt sie sich meist als eine markartige breiige Masse. Fühlen sie ferner abwärts, nach dem Halswirbel zu. Da merken Sie eine Wölbung des Schädelknochens. Darunter liegt das Kleinhirn. Das Hauptzellenorgan für alle geistigen Funktionen. Auch die Stirnknochen zeichnet sich durch zwei Wölbungen aus. Dies sind die äußersten Grenzen der Stirnfläche. Schläfen, Zirbelzelle, Kleinhirn und Stirnfläche sind durch Nervenstränge mit- und untereinander verbunden. Die Schläfen sind die Saugflächen, die Antennen zum Auffangen von außen kommender Energieteile (Elektronen). Bei den meisten Menschen sind sie leider verrostet, das heißt, ungepflegt gelassen. Die Zirbelzelle ist die Sammelzelle aller, durch die Saugflächen aufgenommenen unsichtbaren Kraftteilchen. Je mehr nun eine solche Zelle gefüllt ist, um so mehr dehnt sie sich aus, ehe sie den Überfluss an die Hauptsammelzelle, dem Kleinhirn abgibt. Meist strömt die (an sich unbewusst) aufgenommene Kraft nach der elektrischen Stirnfläche, dem Strahlungsfeld und von da ins Leere. Solcher Zustand tritt besonders bei Vergesslichkeit, Konzentrationsmangel, ein. Auch krankhafte Störungen können die Ursache sein. Dann spürt der Mensch einen bohrenden Schmerz in der Mitte des Kopfes, oft auch im Hinterkopf. Die Strahlungsfläche der Stirn ist bedeutend größer als die Saugflächen der Schläfen. Es ist also eine schnellere Leerung als eine Auffüllung möglich. Es sind nun noch weitere Saug- und Strahlungsflächen als auch Sammelzellen am menschlichen Körper vorhanden, welche jedoch für den Mentalismus weniger in Betracht kommen. Höchstens noch die inneren Handflächen, welche als magnetische Saug- und auch als elektr. Strahlungsflächen fungieren, um ein vermehrtes Aufsaugen äußerer Energien und vermehrtes Ausstrahlen innerer Energien ermöglichen.
Alle diese Flächen und Zellen nebst ihren Verbindungssträngen sind in jedem Menschenkörper vorhanden. Sie befinden sich jedoch meist in einem ungebrauchten oder mangelhaft verwendeten Zustand und sind also verbesserungsbedürftig. Die Sammelzellen müssen geweitet, zur

vermehrten Aufnahme angeregt und durch geregelte Füllung für die kommende Tätigkeit ausgebildet werden. Genau wie der Sportsmann durch tägliche Übungen seine Muskeln stählt, so geschieht dieses auch, soll dieses geschehen, mit den genannten organischen Flächen und Zellen, durch systematische Übungen und geschultes Denken.

Das Großhirn hat weniger damit zu tun und dient vielmehr zur Regelung der Lebensfunktionen des menschlichen Körpers, kurz gesagt, zu aller Tätigkeit, die nicht mit dem Denken zusammenhängt oder außerhalb der Saug- und Strahlungsflächen liegt.

Wenn also bisher der Denkprozess automatisch vor sich ging, so soll er nunmehr unter der Kontrolle des Willens erfolgen. Das ist leichter gesagt als getan. Es ist schon schwer nur 20 Sekunden ein einziges Wort so zu denken, dass nicht Störungen erfolgen. Um aber materielle Erfolge zu erzielen, sind jedoch Stunden nötig. Nun kann man selbst systematisch üben und allmählich die Zeitdauer seiner Übung verlängern. Somit wird eine Spannung erzeugt, die die gewollte und gewünschte Wirkung auslöst.

Kehren wir zur Erläuterung der Gedanken zurück. Nach der hermetischen „Wissenschaft des Geistes" sind wir Menschen der Erde in vergängliche Formen gehüllte Kraftfunken, Energieteile, Energieelektronen. Technisch erklärt: mit elektrischem Strom geladene Akkumulatoren oder Batterien, besser noch: vier Elemente, die, wenn der Kraftfunken entflohen, die bisher innewohnende Kraft verflüchtigt ist, nichts anderes als zerfallende Materie darstellen. Doch sollen wir in Wirklichkeit Transformatoren, Umformer der uns umgebenden Energien und Kräfte sein!

Unser Geist, der polare Kraftfunken aus der Ur-Kraft, erzeugt innerhalb seines Gehäuses, dem irdischen Körper, eine gewisse Spannung, die wir als das Leben bezeichnen. Diese Körper-Energie richtet sich nun nach der Stärke der innewohnenden, treibenden Kraft und nimmt durch die Saugflächen weitere äußere Kraftteile auf, gibt auch solche ab durch unbewusste oder bewusste, ungewollte oder gewollte Ausstrahlung. Das sind die Gedanken. Davon gibt es nun welche, die die Tätigkeit des Körpers betreffen, Handlungen hervorrufen und solche, die rein-geistige Produktion sind. Es wird versucht, die indische Yogi- oder Fakirlehre den Europäern schmackhaft zu machen, ohne dabei zu denken, dass wir uns in erster Linie gemäß unserer völkischen Eigenart, Zonen- und Klima- als auch Kulturverhältnissen anpassen und entsprechend schulen müssen. Bevor die Technik des rhythmischen Atmens erlernt werden kann, muss der Einzelne den Mentalismus beherrschen, will er sich nicht nachteilige

körperliche Schädigungen zuziehen. Achte dein! So lautet ein magischer Mahnruf.
Nicht mit Unrecht, denn so manches Herzleiden hat sich durch die unvorbereitete Anwendung der indischen Atmungslehren eingestellt. Alle diese Nachteile können bei der praktischen Verwendung der Hermetik nie auftreten, weil keine Überanstrengung stattfinden kann. Da die Sammelzellen nicht mehr Atome (Kraftteile) in sich aufnehmen können, als sie zur Zeit zu fassen vermögen. Dieser rein-geistige Prozess beeinflusst die Flächen und Zellen auf spirituelle Weise. Die Muskelfasern und Blutvenen aus anderem, gröberen Material, Grundstoff, als die feinstofflichen Nervenstränge. Die Letzteren können sich ausdehnen oder zusammenziehen. Noch mehr jene Sammelzellen, soweit die grobstoffliche Umgebung hierzu Raum bietet. Es ist verfehlt anzunehmen, dass die einfachen Grundübungen überflüssig wären und gleich mit den weiteren Übungen zu beginnen, weil sich der Körper erst an diese Schulung gewöhnen muss. Entweder alles gründlich oder – nichts!
So mancher ist schon mit beliebigen Anliegen zu uns gekommen und wollte Rat und Hilfe. Er erhielt die Anleitung, jedoch der Erfolg ließ auf sich warten. Weshalb? Weil der Betreffende von ganz falschen Ansichten ausging und die Sache nach seiner Meinung richtig machte. Wenn wir im praktischen Leben erfolgreich sein wollen, so müssen wir umlernen, unser ganzes Wollen, Denken, Fühlen und Handeln umstellen und alles, ohne jede Ausnahme, zum Erlangen des gewollten Zieles anwenden! Nicht nur um die Neugierde zu befriedigen, sondern um tatsächlich etwas für die Lebensdauer zu erlernen, zu verwerten, anzuwenden, wo es erforderlich ist.
Der methodische Unterricht sieht nun sieben verschiedene Übungen vor, die als Vorschule zur richtigen Anwendung der Monatslosungen dienen. Es ist nun falsch, von Anfang an gleich die eigne Persönlichkeit in den Vordergrund zu rücken. Zuerst muss die eigne Körperkraft – durch Auserarbeitung eines Seelenspiegels – gestählt werden, um dadurch vermehrte Aufnahme der Kosmischen Energien zu gewährleisten. Solange die Sammelzellen nicht vollständig mit Kraftteilen ausgefüllt sind, kann keine wirksame Abgabe oder Ausstrahlung erfolgen. Es gilt nicht nur die Gedanken zu bilden, sondern auch festzuhalten, unter Anspannung aller Kräfte auszusenden. Hierzu müssen die Antennen entrostet, das heißt, die Saugflächen der Schläfen empfänglicher, empfindsamer gemacht werden. Dies kann nur durch Ruhe, Körperruhe, Muskelruhe, Zimmerruhe geschehen. Ungestört muss man bei den Übungen sein und bleiben, bis

man in der Lage ist, durch entsprechende Einstellung der Gedanken die Sammelzellen zu füllen. Schritt für Schritt muss vorgegangen werden, alles gewissenhaft geübt, um die vorgeschriebene Höchstleistungsgrenze zu erreichen, ehe die folgende Übung vorgenommen wird. Durch den jahrelangen Gebrauch der Formeln und Losungen (siehe oben) vermehrt sich die eigne Kraft und das Aussendungsvermögen in einer Weise, dass weit Größeres als beschrieben, erreicht werden kann.

C. Die Lehre des Astralwanderns:

Vorwort

Durch einen, im Jahre 1912 erlittenen Blitzstrahl, wurde mir die positive Gewissheit, dass der irdische Körper nur das Gewand des geistigen Ichs ist und daher dieses Gewand bedingt verlassen kann. In jenem Zustande erlebte ich nun zum ersten Male objektiv das geistige, unirdische Dasein und mich ergriff später das Verlangen, Mittel und Wege zu finden, um bewusst diesen freien, geistigen Zustand, nach Belieben, Wunsch und Willen selbst zu erzeugen. Alles, was mir bekannt war, versuchte ich und erhielt so eine Menge Experiment- und Forschungsresultate. Die Versuche mit Narkotika und anderen Rauschmitteln musste ich sehr bald aufgeben, da:
1. mein Körper, infolge spezieller Giftforschungen gegen die Einwirkungen immun war;
2. aber jede stärkere Dosis das Herz angriff;
3. größte gesundheitliche Nachteile auftraten;
4. Peyotl, Soma, Jaje (-tinkturen) so gut wie wertlos, Geheimmischungen, eigner Forschung, teils Erfolge, teils Fehlschläge erbrachten (vgl. die Warnungen im „Adepten" von Franz Bardon).

Daher nahm ich weitere Versuche mittels Mentalismus, in Verbindung mit der Energieforschung, auf. Es wäre nun unsinnig, wollte ich ausführlich auf alle Einzelheiten eingehen und deshalb will ich mich lediglich auf das Notwendigste und Zweckmäßigste beschränken. Zugleich möchte ich noch erklären, dass jedes Üben außer der Reihe oder mal gelegentlich keinen Zweck hat. Wer etwas erreichen will, der muss regelmäßig und täglich üben. Sonst hindern die magischen Gesetze der Natur!

I. Grundübungen

1. Atem-Übungen

Im Gehen: Schritte und Atmung müssen in Gleichklang gebracht werden! Das heißt: beim Schritt mit dem linken Fuß ein-atmen, beim Schritt mit dem rechten Fuß aus-atmen! Erst in der gewöhnlichen Gangart üben! Später: immer mehr verlangsamen, um dadurch langsamer und tiefer ein- und auszuatmen. Beginnend mit 10 Minuten Dauer täglich. Nach 14 Tagen: täglich um weitere fünf Minuten steigernd, bis zu einer Stunde Übungsdauer. – Dann überall und bei jedem Gehen üben, denn diese Schritt- und Atmungsart muss zur Gewohnheit werden!

2. Im Sitzen:

Sitz: Göttersitz. Langsam, recht tief einatmen! (7 Sekunden) Das Einatmen hat durch die Nase zu geschehen! Atem anhalten (5 Sekunden). Langsam völlig ausatmen (7 Sekunden). Das Ausatmen durch den leicht geöffneten Mund! Niemals etwa im Nu die gesamte Luft ausstoßen! Nach einer Woche Übung ist das Einatmen auf 10, das Anhalten auf 7 und das Ausatmen auf 10 Sekunden *vorsichtig* auszudehnen.

3. Mit Gedankenformeln:

Beim Gehen und im Sitzen sind nunmehr folgende Gedankenformeln zu verwenden:
- Einatmen: „Ich ziehe mit Kraft geladene Luft in meinen Körper!"
- Anhalten: „Mein Körper entzieht der eingeatmeten Luft die Kraft!"
- Ausatmen: „Die aufgesogne Kraft ist nunmehr mein Eigentum!"
- Anhalten: „Die Kraft füllt nunmehr meine Sammelzellen!"

4. Bei Tag und Nacht:

Beachte: In der Zeit von 6-18 Uhr, also in der Taghälfte wirkt als Energie: Idodi (Sonne).
In der Zeit von 18-6 Uhr, also in der Nachthälfte wirkt als Energie: Sadni (Mond)!

Idodi: stärkt die Spannkraft der Nerven, der Sammelzellen, der Nervennetze und den Willen!
Sadni: fördert die astralen Fähigkeiten, lockert den Astralkörper, stärkt die Einfühlungskraft.
Daher ist diese Übung doppelt am Tage: in der Tages- und auch in der Nachthälfte vorzunehmen.

II. Umschaltübungen

5. Atemverlangsamen

I. Tief einatmen. Die Lungen und den Bauch sanft mit Luft füllen.
II. Atmung, solange als möglich ohne Pressung anhalten!
III. Durch den geöffneten Mund langsam ausatmen!
IV. Langsam, aber tief einatmen, kurz anhalten, mit spitzem Mund die Luft ruckweise (aber mit bedacht!) ausströmen lassen! Von I bis IV wiederholen.

Übungsdauer: 15 Minuten, einmal am Tage und in der Nacht! Üben im Stehen, im Sitzen, im Liegen, im Gehen! Bei auftretendem Hustenreiz ist die Übung etliche Minuten zu unterbrechen.

6. Stauungsabwehr:

Diese Übung ist stehend auszuführen!
I. Voll und tief einatmen!
II. Atem anhalten!
III. Dabei die Hände vorwärts strecken, zur Faust ballen, mit der gedanklichen Vorstellung: etwa einen Stock zu zerbrechen; alle Kraft (Muskelkraft) hierbei anwenden!
IV. Langsam nachlassen.
V. Langsam ausatmen!

Dies neunmal hintereinander vornehmen!

7. Sadni-Mondstrahlungs-Aufnahme:

Nur in der Zeitspanne des zunehmenden Mondes möglich! Stelle dich an das geöffnete Fenster! Blick auf den Mond gerichtet! Schließe die Augenlider! Atme rhythmisch! Das heißt: Atmung und Gedankenformel befinden sich in Harmonie. (Siehe 3. Übung). Konzentriere dich auf das Aufsaugen des Mondfluides. Öffne die Augen und blicke starr, unbeweglich in den Mond! Beim tiefen, langsamen Einatmen führe beide Hände langsam seitwärts, aufwärts, bis in Kopfhöhe! Halte dabei die Hände wie Schalen und sauge mittels deiner Vorstellungskraft das Sadni (magnetische Fluid) in dich auf! Fühle es durch die inneren Handflächen einströmen, in den Armen entlang, allmählich deinen ganzen Körper erfüllend! Dabei ist der Atem mit bedacht anzuhalten! Dann atme langsam aus und lasse die Arme langsam sinken. Neun Mal als eine Tagesübung. (Während der Nachthälfte natürlich üben!)

8. Idodi-Sonnenstrahlungs-Aufnahme!

Ebenfalls nur in der Zeitspanne des zunehmenden Mondes! In derselben Weise, nur in der Tageshälfte und auf Idodi (elektrische Fluid) konzentriert. Die Augen bleiben geschlossen, trotzdem wird das Gesicht der Sonne zugewandt. Insgesamt neun Male vorgenommen gilt als eine Übung (vgl. die Fluid-Übungen in der 8. Stufe im „Adepten" von F. Bardon. Der Hrsg.).

III. Konzentrationen

9. Lockerung des Astralkörpers.

Setze dich auf einen Stuhl und lege die Hände auf die Knie! Das ist der Göttersitz! Gesicht nach Osten gerichtet! Atme langsam ein und aus und versenke dich hierbei in die Formel: „Mein Astralkörper lockert sich immer mehr! Durch meine bewusste Kraft kann er leicht den Körper verlassen und keine Materie ist ihm irgendwie hinderlich! Es gelingt mir immer leichter, meinen Astralkörper zu lösen, zu jeder Zeit, an jedem Ort, und ihn bewusst auszusenden, wohin ich will! Ich kann ihn auch soweit verdichten; erlange immer mehr die Fähigkeit bewussten Wanderns!"

*

In der Nachthälfte zu üben. Alle Erlebnisse, Erscheinungen, Störungen, Behinderungen gewissenhaft notieren!

10. Körperstarre

Atme rhythmisch wie oben! Völlige Passivität! Stelle dir in Gedanken vor, wie dein Körper langsam von den Füssen an starr und steif wird. Schränke die Atmungstätigkeit mit bedacht so weit als nur möglich ein! Die Augen sind geschlossen! Verharre längere Zeit in dieser Starre, dann löse sie wieder langsam und bewusst auf, bis du wieder regelmäßig rhythmisch atmest! Übe im Liegen und auch im Sitzen!

Diese Übung ist solange zu wiederholen, bis es dir gelingt, an jedem Orte, in jeder Körperhaltung und Körperlage diese Starre sofort zu jeder Zeit beliebig oft, hervorzurufen! Also innerhalb weniger Sekunden! Es hat keinen Zweck, ohne völlige Beherrschung dieser Grund-Übungen die weiteren Übungen vorzunehmen!

VI. Negatives Wandern

11. Heraustreten!

Lege dich hin! Nimm alle Grundübungen hintereinander durch. Bringe Atmung und Gedanken in völligen Gleichklang! Nun gib deinem Astralkörper durch Selbstsuggestion den Befehl sich vom Erdenkörper zu lösen und nach 30 Minuten in ihn zurückzukehren, unter bewusster Rückerinnerung alles Erlebten! Hierzu dient die Formel: „Mein Astralkörper tritt aus meinem Körper und behalte ich auch in diesem Zustand die vollste Rückerinnerung! Mein astrales Ich verlässt den Körper durch das Nabelfeld und steht neben dem Körper!"

Dieses Austreten ist solange zu üben, bis es zur Gewohnheit geworden ist. Es sind hierbei die Geburtswehen zu überwinden und muss sich das (astrale) Ich als auch der Fleischkörper an die veränderte Situation gewöhnen!

Beachte: Behandle deinen Astralkörper als zweite Person, der immer genau befohlen werden muss, was sie zu tun oder lassen soll! Erst dann, wenn du die Geburtswehen und die Nachwehen völlig überwunden hast, der gewollte Zustand Tatsache und dir zur Gewohnheit geworden ist, lasse dein (astrales) Ich im Zimmer umhergehen, dies oder das zu tun. Erhöhe die Wanderzeit auf 45, 60, 75, 100, 120 Minuten Dauer.

Jedoch sorge dafür, dass während Deiner Wanderungen niemals Dein Fleischkörper von unberufenen oder anderen Personen berührt wird!

Gelingt es dir nun, binnen weniger Sekunden Dein (astrales) Ich austreten zu lassen, so versuche nunmehr das Empfindungsbewusstsein in den Astralkörper zu verlegen, um selbständiger zu handeln.

12. Die Nebelmauer

Lasse dein Ich nunmehr auch außerhalb deiner Wohnung auf die Wanderung gehen, Freunde und Bekannte besuchen, deren Tun und Treiben beobachten. Sobald du dir aber Kenntnisse über die Ordnungen in der unsichtbaren Welt beschaffen willst, stößt du auf ein Hindernis, mit dem du nicht gerechnet hast: die Nebelmauer. Das ist die Scheidemauer, die Schwelle, zwischen dem Sichtbaren und Unsichtbaren. Die Befehle zur Überwindung dieser Nebelmauer musst du dir selbst formulieren und zwar kurz, klar und bestimmt. Durch diesen Nebel muss dein (astrales) Ich hindurch und deshalb übe fleißig. Jedes Mal, wenn du wieder hinkommst, wird die Nebelmauer dünner sein und an einer Stelle kannst du dann hindurch. Mit diesem Astralnebel umhüllen die Unirdischen alles, das du nicht wissen und erkennen sollst!

13. Der Führer

Bist du nunmehr durch die Nebelmauer hindurch gekommen, so suche durch die Verwendung entsprechender Formeln engere Verbindung mit deinem geistigen Führer zu erlangen. Dein Ich muss ihn aus dem Astralen herbeirufen, herbeiwünschen, dass er dich führen und lehren solle! Sobald du nun einmal mit ihm zusammengekommen bist, wird er dich dann selbst abholen, dein Ich aus dem Körper herauszuziehen und große Wanderungen mit ihm unternehmen. Lasse dir alles zeigen, frage ihn über alles, was du wissen möchtest. Jedoch befiehl zuvor deinem (astralen) Ich, dass es stets das in Erfahrung Gebrachte auf die Zellen des Erdenkörpers übertragen und zwar auf die Gehirntafeln. Sonst weiß es zwar dein Ich, aber nicht dein Tagesbewusstsein des Körpers. Hast du etwas nicht behalten, dass du im Wachzustande keine Rückerinnerung daran mehr hast, so wiederhole das Experiment, um das, bereits im Ich-Bewusstsein Vorhandene, auf das Oberbewusstsein des Körpers zu übertragen. Sagt dir aber dein Führer, dass du das Erfahrene im Astralen als Erdenmensch noch nicht wissen darfst, so ist es zwecklos dich dagegen aufzulehnen, weil die Unsichtbaren es verhindern. Du wirst das Wissen darüber nicht erlangen.
Im Wanderzustande unterliegst du, wie jedes unirdische Wesen, der zwingenden Gewalt der Ur-Energien. Erzwingen kannst du also nichts, magst du im Irdischen noch soviel Vorsätze dazu haben, drüben hüllen sie dich entweder in Nebel oder in Feuer und alle Vorsätze sind weggeblasen.

14. Die Ur-Formen

In der ersten Zeit Deiner Wanderungen wird sich dein Ich plötzlich Ungeheuern, grässlichaussehenden Tieren, greulichen Gestalten gegenüber sehen, die jähes Entsetzen einjagen. Doch wisse: Lasse dein Ich mutig darauf zugehen, denn diese Wesen weichen vor deiner Ausstrahlung zurück, da sie den höheren Energien und Wesensarten untertan sind.

Du wirst zuerst die Vergangenheit der Ur-Zeit und der Zeiten, die wir die Ewigkeiten und Äonen (Brahma-Tage) nennen, erleben. Jene Zeiten, Gestalten und Tiere, die längst als Körper von der Erde (dem Sichtbaren) entschwunden sind und die es nur noch in dem unsichtbaren Weltsystem gibt. Auch deine früheren Erdenleben zeigt dir dein Führer. Er zeigt dir die Urzeiten, Werden, Wandel und Gestaltung des Geistigen und des Materiellen, des unendlichen Kreislaufes. Er führt dich an die Stätten deines früheren (irdischen und unirdischen) Wandels.

Beachte: Ab „Der Nebelmauer" sind diese Übungen nicht mehr Übungen, sondern Handlungen des negativen Wanderns, wobei sich das eigene (astrale) Ich mehr passiv verhält. Daraus gestaltet sich der passive Verkehr mit Unsichtbaren (vgl. die „Evokation" von F. Bardon). Hast du alles richtig erlernt und praktisch durchgeübt, bist du zu diesen Reifegrad gekommen, so besteht für dich die Gefahr, dass dein Erdenkörper, während der Abwesenheit deines Ichs der Willkür von Abgeschiedenen, Entkörperten oder Wanderern verfällt. Ohne dem Schutze bist du wehrlos und deshalb wird immer und immer wieder auf die notwendigen Vorsichtsmaßnahmen hingewiesen (siehe „Quabbalah" von F. Bardon. Der Hrsg.). Es ist dies lebenswichtige Angelegenheit!

V. Das positive Wandern

1. Zum Spalten:

Diese folgenden neun Kapitel sind Autosuggestionen zur Unterstützung des Wanderns, die nur durch geeignete und systematische Schulung zu erlangen ist.

„Mein geistiges Ich tritt aus meinem Körper, auf 10 Minuten und ich behalte alle Rückerinnerung!" – Solange zu üben, bis durch die Rückerinnerung dem Oberbewusstsein der Beweis des Austrittes gegeben ist. Die Austrittsdauer wöchentlich um je fünf Minuten steigern.

2. Zum Verdichten

„Mein geistiges Ich tritt aus meinem Körper, verdichtet sich zur Sichtbarkeit auf 10 Minuten und ich behalte alle Rückerinnerung!" – Solange zu üben, bis der ersichtliche Erfolg eingetreten ist. Es ist gut, wenn sich ein großer Spiegel im Zimmer befindet, jedoch nicht unbedingt erforderlich. Die Austrittsdauer täglich um je fünf Minuten erhöhen. Die Austrittsfähigkeit in jeder Körperhaltung, Stehen, Liegen, Sitzen, Gehen in kürzester Zeit zu erreichen trachten!

3. Zum Bewegen im Zimmer

a. „Mein geistiges Ich tritt aus meinem Körper, auf 30 Minuten, (verdichtend) nimm einen Bleistift und beschreibt auf Papier, was es augenblicklich sieht und ich behalte die volle Rückerinnerung!" – Üben, bis der ersichtliche Erfolg wiederholt eingetreten ist.
b. „Mein geistiges Ich tritt aus meinem Körper, auf 30 Minuten, (verdichtend) zündet die Kerze an und ich behalte alle Rückerinnerung!"
c. „Mein geistiges Ich tritt aus meinem Körper, auf 30 Minuten, (verdichtend) stellt alle (vorhandenen) Stühle in eine Reihe vor die Tür und ich behalte alle Rückerinnerung!" – Solange üben, bis voller Erfolg eingetreten ist.

4. Zum Bewegen in der Wohnung

„Mein geistiges ich tritt aus meinem Körper auf 30 Minuten, verdichtet sich, wird jedem sichtbar, verlässt das Zimmer, weckt schlafende Mitbewohner und ich behalte alle Rückerinnerung!" – Stets solange üben, bis der Erfolg eingetreten ist!

5. Zum Bewegen außerhalb der Wohnung

„Mein geistiges Ich tritt aus meinem Körper, verlässt das Zimmer, die Wohnung, das Haus, auf 30 Minuten, sieht alle Einzelheiten, Geschehnisse und ich behalte alle Rückerinnerung!" – Solange üben, bis voller Erfolg eingetreten ist.

6. Zum Ausüben einer bestimmten Tätigkeit

„Mein geistiges Ich tritt aus meinem Körper, auf 30 Minuten, verlässt das Zimmer, die Wohnung, das Haus, geht auf die Straße, geht (verdichtet) umher, zieht daherkommenden Passanten Hut oder Mütze vom Kopfe, wirft sie fort, jagt Furcht ein und ich behalte die volle Rückerinnerung!" – Solange üben, bis tatsächliche Erfolgsbeweise eingetreten sind!

7. Zu Besuchen bei Bekannten

„Mein geistiges Ich tritt aus meinem Körper, auf 30 Minuten, verlässt das Zimmer, das Haus, geht in das Haus, in die Wohnung des … (Name des Bekannten), verdichtet sich dort zur Sichtbarkeit, unterhält sich mit ihm und ich behalte die volle Rückerinnerung!" – Solange üben, bis zum vollen Erfolg.

8. Zur Bewusstseinsverlegung!

„Mein geistiges Ich tritt aus meinem Körper, auf 40 Minuten, benimmt sich und handelt so, wie (im Wachzustande) als Mensch und ich behalte die volle Rückerinnerung!" – Solange üben, bis dieser Zustand beliebig erzeugt werden kann; jedoch ist es zweckmäßig, sich die Einzelheiten der vorzunehmenden Handlungen vorher schriftlich zu Papier zu bringen, damit das geistige Ich (Astralkörper) sich informieren kann!

9. Zur Kenntnis des eigenen Körpers

„Mein geistiges Ich tritt aus meinem Körper, auf 30 Minuten, sieht das Innere des Erdenkörpers, alle Zellen, Netze, Organe, Flächen in ihrer Tätigkeit und ich behalte die volle Rückerinnerung!" – Solange üben, bis man über alles genau Bescheid weiß!

*

Die Austrittszeiten sind, sobald der gewollte Erfolg eingetreten ist, täglich um weitere fünf Minuten zu steigern! Ebenso ist das Eintreten des Wanderzustandes zu kürzen, das heißt, er muss in beliebiger Körperhaltung und -lage innerhalb 3-5 Minuten herbeigeführt werden können! Die Sichtbarkeit im Wandern ist erst innerhalb der nächsten Umgebung sich anzuziehen, bevor man auf weitere Entfernungen sich begibt! Zeit und

Raum spielen beim Wandern keine Rolle, noch besteht irgendein irdisches oder materielles Hindernis!

10. Körperkenntnisse

Der Körper besteht aus Flächen, Netze, Saug- und Strahlungszentren sowie Sammelstellen. Sie sind die Behälter der Fluidalkraft! Das Herz als Zentrale, die Nieren als Nebenzentrale, mit den Lungen als Saugnetzen und der Milz/Galle als Strahlungsnetzen, samt den Adern und Venennetzen (des Blutes) bilden die Behälter des Fluidalstoffes! Geschlechtszentrum und die Hautzellen sind die Behälter der Kraft! Fleischzellen und Knochen jedoch die Behälter des Stoffes! Durch die Strahlungsflächen kann man entziehen, durch die Saugflächen aber zuführen! Sie sind direkt mit den Sammelzellen verbunden. Zum Wandern ist es erforderlich, die Sammelzellen mit Fluidalkraft zu laden und zwar alle, nicht nur Zirbeldrüse, Solarplexus, Milz, Nervum! Diese Chakrams sind die Rückstrahler der aufgesogenen Kraft und bewirken die feinstofflichen Schwingungen des Nervenleibes. Wir unterscheiden:
1. Knochenkörper, Knochengerüst, dessen Säfte das Mark bilden.
2. Fleischkörper, dessen Säfte das Blut bildet;
3. Nervenleib, dessen Säfte der Nervumstoff bildet;
4. Astralkörper, dessen Säfte die Nervumkraft bildet

Knochenkörper und Fleischkörper bilden das grobstoffliche Gewand, Nervenleib und Astralleib bilden jedoch das feinstoffliche Gewand des Ichs.

5. Willenskörper ist eine grobgeistige, willkürliche Verkleidung des Astralleibes beim Wandern.
6. Mentalkörper ist das feingeistige Gewand des Ichs, nach dem Abstreifen des Astralkörpers, zum (zeitweiligen) Eintritt in die Geisteswelten!
7. Geistkörper ist die reingeistige Gestaltung des Ichs, nach Ablegung des Mentalkörpers, zwecks Übergang in die Lichtwelt.

Je grobstofflicher der Körper, als anhaftende Verhüllung des Ich, desto geringer dessen Ausstrahlung, um so vieles mehr muss daher Fluidalkraft, Äther, Allstrom, Bezug Zonenenergie aufgenommen werden. Irdisch verletzbar ist der Knochen- und der Fleischkörper. Seelisch verletzbar Nerven- und der Astralkörper! Mit der Bezeichnung: Seelisch meine ich die verborgene Handlungsweise mittels an sich unsichtbarer Mittel. Die Seele ist lediglich die Bezeichnung des (astralen) Ichs, an sich losgelöst vom Grobstofflichen, jedoch noch vom Feinstofflichen umhüllt. Für magische Kampf-, Angriffs- oder Abwehrhandlungen ist dies sehr wichtig zu wissen! Die Verletzung der Seele, ihrer körperlichen Organe, zieht die Verletzung des Grobstofflichen nach sich (irdisch-körperlichen Organe.) Dies geschieht nun am erfolgreichsten durch konzentrierte Bestrahlung mittels der magischen Energien (Planetenströmen), als auch durch systematisches Entziehen des in und durch die Körper aufgesogenen Fluidums. Das ist das aus der Erd- und Weltenergie entnommene, zur Körperenergie Umgewandelte, was an sich spontan erfolgt, jedoch durch entsprechende Schulung bewusst gesteigert werden kann. Damit wollen wir uns dem positiven Wandern wieder zuwenden!

Wir unterscheiden: den spontanen und den erzwungenen Schlaf! Der Erstere stellt sich jeweils innerhalb 24 Stunden, infolge Gewohnheit, Erziehung, Schulung, Lehren ein. Der erzwungene Schlaf stellt sich jedoch nur dann ein, wenn er durch besondere Handlungen erzwungen wurde. Beide bilden die Grundlage zum Wandern! Das Ich kann nur dann den Körper verlassen, wenn völlige Empfindungs- und Gefühllosigkeit des Grobstofflichen besteht, Bezug eingetreten ist. Dadurch unterscheidet sich das Wandern von der Willensfernwirkung, wo nur das Empfindungsvermögen außerhalb des irdischen Körpers verlegt wird. Die erleichterte Vorübung zum Wandern ist die Traumschulung mittels Autosuggestion, um die Handlungsweise des Ichs zu beeinflussen und dann durch die weitere Schulung selbst zu bestimmen.

Jedes Ergebnis kritisch zu betrachten, sich nicht durch Täuschungen ablenken lassen. Jede Handlung ist nur dann Wirklichkeit, wenn sie sich in immer stärkerem Masse und kürzerem Zeitraum wiederholen lässt! Daher schärfste Selbstkontrolle! Sich niemals auf die Angaben Anderer verlassen oder eine Übung oder Handlung früher einstellen, bevor nicht der wahre, wirkliche Erfolg verbucht, einwandfrei festgestellt werden konnte. Starke seelische Erschütterungen, hochgradige Erregungen aller Nerven bewirken das spontane Eintreten des unbewussten Wanderns, das astrale Sehen, das Schauen in die Zukunft. Übrigens sind „Astrales Sehen" und das „Schauen in die Zukunft" Begleiterscheinungen des Wanderns, nicht aber Endziele desselben. Wir haben noch viel vor uns, um die tatsächliche Macht über alle Menschen ausüben zu können! Sei es durch den Vampirismus oder durch den Dämonismus. Jedoch ist das negative Wandern als der Somnamblismus nicht so gut wie das positive Wandern, für die

Verwirklichung irdischer Angelegenheiten geeignet!

Schlusswort

Mit diesen letzten Zeilen übergebe ich mein Werk nunmehr der Öffentlichkeit. Vielen wird es eine Fundgrube neuen Wissens und neuer Anregung sein. Aber auch Viele werden es ablehnen. Sei es aus einseitigen Ansichten überalteter Denkart, materialistischer Gesinnung, aus Wahngläubigkeit heraus, Oberflächlichkeit und wie die (angeblichen) Gründe alle heißen mögen. Ich weiß dieses und ich wollte dieses. Denn die hermetische „Wissenschaft des Geistes" ist nichts für die Lauen, Trägen, innerlich und äußerlich Unfreien. Sondern nur für Jene, welche sich bemühen, mit Meister Joschuah zu sagen: „Ich habe die Welt überwunden!" Die Pforte ist enge und der Weg ist schmal, der zum Leben führet – und Wenige sind es, die darauf wandeln!

Wer jedoch den Glauben an sich und an die Kraft in uns selbst besitzt, dazu Zähigkeit, Ausdauer und Beharrlichkeit (und Opferbereitschaft), der wird reichen Nutzen erzielen!

Ich habe in diesem Buche die verschiedensten Wissensstufen und deren Lehren zusammengesetzt, um zu zeigen, dass jede praktische Arbeit in dieser oder jener Richtung hin nur dann erfolgreich möglich ist, wenn die Grundschulung, das Grundwissen, die Mentalistik, absolviert wird.

Diese verschiedenen Wissensgebiete sind zugleich Entwicklungsstufen, die erreicht und durchschritten werden müssen, um zu höherem Wissen und höherem Können zu gelangen!

Wer planlos arbeitet, wird es nie zu etwas bringen! In all den verflossenen Jahren hat sich meine Methodik und System immer als das Beste (und Nachahmenswerteste) erwiesen, ohne mich nun etwa als Universalgenie hinzustellen! Mir selbst liegt wenig daran, gelobt oder angefeindet zu werden, sondern daran, zu erfahren: welchen Nutzen der Einzelne durch dieses Buch in seiner geistigen Entwicklung hat, bzw. sein geistiges Ich höher zu entwickeln, durch intensive Selbstschulung mittels der Übungen. Dann ist der Zweck erfüllt!

D. Die Lehre der Magie:

1. Begriff und Wesen der Magie.

Trotz der vielen Bücher und Schriften über Magie, welche es im Buchhandel gibt, vermisst doch jeder, der sich tiefer mit diesem Wissen beschäftigen möchte, ein gutes Lehrbuch über die Gebiete der praktischen Magie. Erst Dr. Musallam´s Schriften – „Die Zauberbibel" und „Die orientalischen Geheimnisse" brachten einige gute Fingerzeige, doch genügten diese den meisten nicht, weil zu ihnen bereits eine bestimmte Vorkenntnis und eine feste Überzeugung gehören. Aus diesem Grunde suche ich nun an Hand dieser magischen Lehrbriefe die vorhandene Lücke auszufüllen, um jedem Suchenden das Wissen der einzelnen Gebiete in brauchbarer Möglichkeit je 7 verwendbarer Formen zu übermitteln. Ich werde mich befleißigen, nach Möglichkeit jedes Fremdwort zu vermeiden, es sei denn, dass ich für das eine oder andere keinen Ausdruck zur Verfügung habe.

2. Was ist Magie?

Der wahre Begriff und die Bezeichnung lautet: Sie ist das geheime Wissen über die verborgenen Kräfte und Mächte in der Natur. Magie ist nicht die Kunst des Taschenspiels oder der Zauberei, nicht schwarze Kunst, noch weniger gehört sie dem Aberglauben an. Die Weltanschauung, die Ur-Religion, das ist das Gebiet der Magie.

Unter dem Volke sind infolge der Entartungen und Verwirrungen leider die widersinnigsten Begriffe vorhanden. So gilt bei dem Unwissenden der Magier als mit dem Teufel durch den Pakt verbunden, das eigene Blut sei dazu notwendig und anderes mehr. Solche Auffassungen sind die bitteren Folgen der jahrhundertelangen Verhetzung durch die Verherrlichung des Blutrausches durch den Dämonengott Baal. Merken wir uns als erstes und wichtigstes: **Magie ist das geheime Wissen über die verborgenen Kräfte und Mächte in der Natur (Makrokosmos).**

Damit nähern wir uns anscheinend dem Materialismus, der gottleugnenden Anschauung, die ein göttliches Entstehen und Walten verneint. In Wirklichkeit lernen wir damit und dadurch erst den wahren Schöpfer und rechtmäßigen Herrn der Welt kennen.

Mich besuchte einmal ein Herr, dem Berufe nach Kaufmann, welcher eine meiner Schriften genau gelesen hatte und weitere Aufschlüsse wünschte. Der Wichtigkeit wegen für das weiter Folgende, führe ich die Unterhaltung so an, wie es tatsächlich erfolgte.
Der Herr: „Ich möchte ein Wissender werden in der Magie, um mir selbst helfen zu können. Was soll ich tun?"
Ich: „Sie müssen mir zunächst gestatten, dass ich mir erlaube, an Sie einige Fragen zu richten, aus den Antworten werde ich dann Ihre jeweilige Einstellung und Eignung zur magischen Wissenschaft entnehmen können. Sind Sie Kirchenchrist oder ein Gegner der bisher verankerten Bekenntnisse?"
Der Herr: „Ich bin ein Gegner der Kirche."
Ich: „Warum?"
Der Herr: „Weil ich deren Lehren und Handlungen nicht anerkennen kann."
Ich: „So glauben Sie doch an Gott?"
Der Herr: „Es ist mir bisher nicht gelungen, anstelle des zusammengebrochenen Kirchenglaubens auch nur einen notdürftigen Bau zu errichten. Ich schwebe gewissermaßen in der Luft und suche nach einem Halte, nach einem ruhigen Punkte in der Erscheinung Flucht. Welchen Glauben aber mögen Sie haben?"
Ich: „Ich bin Hermetiker. Das Wort ist unbekannt? Gern erläutere ich es Ihnen. Ich bin Anhänger der ägyptischen Ur-Religion, der ältesten Weltanschauung der Menschheit!"
Der Herr: „Diese ist mir neu. Kann ich auch Anhänger dieser Lehre werden? Und wie?"
Ich: „Reißen Sie die stehengebliebenen Trümmer Ihrer bisherigen Schulanschauung vollständig nieder. Räumen Sie in Ihrem Herzen den ganzen Platz von den Irrlehren und Einstellungen und dann werden Sie ein Magier!"
Der Herr: „Ist nicht mehr nötig?"
Ich: „Ich bitte Sie, es ist schon viel nötig, denn mit ein paar Worten oder Gesten ist es nicht geschehen. Sie müssen sich vollständig in ihrem ganzen Wollen, Denken, Handeln und Fühlen ändern, von Grund auf ändern. Dann erst ist der Platz für die wahre Religion in Ihnen geschaffen."
Der Herr: „Könnte ich mich nicht Ihrer Schulgemeinschaft anschließen?"
Ich: „Das können Sie, wenn Sie es wollen und dadurch einen größeren Rückhalt in den zu bestehenden Kämpfen mit Ihrem eigenen Ich zu haben

glauben. Kommen Sie aber nur, wenn es Ihnen ernst um die Sache ist, sonst besser nicht."
Der Herr ging von dannen, wie der reiche Jüngling von Joschuah. Wenn nur nicht die Arbeit am eigenen Selbst wäre, es würden dann wohl viel mehr das Gebiet aufsuchen.
So besuchte mich ein anderer und verlangte sofortige magische Hilfe in einer besonderen Angelegenheit. Er wollte gern entsprechend honorieren. Meine Antwort lautete hier: „Die Anleitung will ich Ihnen gern geben! Helfen Sie sich selbst! Diese Antwort musste die richtige gewesen sein, da er sich schnell empfahl.
In meinen Archiven befinden sich aber die Resultate jener Studierenden, die sich meine Worte zu Herzen nahmen und handelten wie Ihnen vorgeschrieben worden war. Nach längerer Übungsdauer stand in ihren Berichten das stolze Wort Erfolg! Trotz aller Hindernisse wurden Erfolge gezeigt. Begeisterte Schreiben erreichten den verehrten Meister, doch rühme ich mich nicht, ein vollkommener Meister zu sein und mein Wissen und Können reicht noch lange nicht an dasjenige eines Chakime (Eingeweihter) des Bit Nur (Shamballa) hinan. Überhaupt lernen wir wohl alle nicht im Erdenleben aus. Immer öffnen sich neue Türen zu weitern Geheimnissen. Der Suchende wolle sich aber nicht von einer Befangenheit beeinflussen lassen, in dem er wähnt, es genüge die Mitgliedschaft in einer „magischen Gesellschaft" und dann käme alles von selbst. Die Meister würden ihm nun schon alles Unbequeme aus seinem weiteren Lebenswege räumen, wie die Theosophen meinen, weil er Mitglied geworden sei. Präge sich ein jeder den Satz recht fest ein: **Magie ist Selbsterkenntnis durch Selbstschulung.** Erst aus dieser Selbsterkenntnis heraus kann sich die Kenntnis des Wissens bilden und erweitern. Wer unter dem Begriffe leidet, dass Magie die Kunst sei zur Erlangung des Goldes von Nichtstun, der geht in die Irre. Alle Eingeweihten verwarfen diese irdischen Beigaben ihres erlangten Wissens und mit vollen Händen teilten sie die Schätze unter die Darbenden und Unwissenden aus. Sie waren keine Egoisten. Natürlich mussten die Empfänger auch Würdige sein, denen damit gedient war. Auch heute entstehen solche Fälle.
Die Magie als Wissen zerfällt und gliedert sich in viele einzelne Gebiete. Jeder Suchende beginne zuerst mit dem Grundrisse (des Seelenspiegels) und schreite dann allmählich weiter. Mehrere Gebiete gleichzeitig zu belegen, wirkt aber zersplitternd. Der Lernende verfällt sehr leicht in den Fehler, das Wissen einzelner Gebiete lau und fahrlässig zu behandeln. Er

gerät dann in das dichte Netz der eigenen Phantasie selbsterzeugter Phantome und kann die Wahrheit nicht von dem Falschen unterscheiden. Auch sind die Trugbilder der Abtrünnigen nicht weit, ihn vollends zu verwirren. In allen Erlebnissen bleibe kritisch denkend eingestellt. Glaube nur das, von dem Du wahrhaft überzeugt bist! Vermeide jedes Zusammengehen oder Anlehnen an Irrlehren oder an entstellte und entartete Glaubenssätze. Entferne alles aus deinem Denken, aus deinem Wissen, was nicht zum Rechten gehört. Rücksichtslos! Dann wird dir die Magie zu einer Offenbarung und das Mittel Selbstzweck werden! Merken wir uns den dritten Satz: **Magie ist das Mittel zur Selbstzucht.**
Es wird behauptet, Magie sei teuflisches Wissen, und das Mittel, mit dem Teufel einen Pakt zuschließen. Diese Anschauung ist eine Irrlehre des Christentums und eine Folge jener kirchlichen Lehren. Die wahre Magie hat nichts mit diesen Entartungen zu tun. Sie ist die geheime Lehre des rechtmäßigen Herrn und Schöpfers der Welt, der wohl von dem „Anderen" (Moloch) als der verworfene Gegenpol zu dessen Lehren dargestellt wird und dem die Sünden jenes „Anderen" als von unserem Herrn ausgehend angedichtet werden. Wer sich nun nicht im vollsten Sinne des Wortes von jenen angedichteten, falschen Begriffen abkehren will und sich nicht in seinem ganzen Wollen, Denken, Fühlen und Handeln dem Dienste des wahren Herrn weiht, der wird nie und nimmer ein Wissender, geschweige denn ein Wissender als Eingeweihter werden. Fast alle sogenannten magischen Bücher enthalten Entstellungen und Vermengungen mit oder durch die zur Zeit herrschenden Religionsanschauungen. Ein solches Wissen ist verwässert und untauglich für das Leben. Wahre Magie ist die Uralte Glaubenslehre und Weltanschauung. Übermittelt wurde sie durch die Unsichtbaren in grauer Vorzeit und durch die Jahrtausende hindurch hat sie sich an verschiedenen Stellen der Erde in reiner Form bis auf heute erhalten. Merken wir den vierten Satz: **Magie ist die Geheimlehre des wahren Herrn und Schöpfers und die wahre Religion und Weltanschauung.** Wenn der Suchende später zum Wissenden geworden ist und es ihm gelingt, den Nebelschleier zu lüften, über die Schwelle zu treten, der zwischen den beiden Welten liegt, so wird er in der Welt der Unsichtbaren finden, dass dort diese Magie die Ur-Religion, im vollkommensten Sinne besteht. Nach solchen Erlebnissen wird er sich fragen: Weshalb bin ich nicht eher sehend geworden? Gerade diese Frage habe ich meinem unsichtbaren Lehrer gestellt und mir wurde die Antwort zu Teil, weil du in deiner Entwicklung und Einstellung noch nicht reif

genug warst. Wenn ich auch manchmal unmutig in die Klage ausbreche, warum habe ich das jetzt aufgenommene Wissen nicht eher erhalten, wo ich es doch so gut hätte verwerten können? So erhalte ich die bestimmte Antwort: Alles hat seine Zeit und erst, wenn Du soweit in Deiner geistigen Erkenntnis bist, dann wird Dir das weitere Wissen offenbart.

Ich führe diese übermittelten Antworten nur deshalb an, um den Suchenden zu Zeigen, dass mit selbst einiger Pein nichts gewaltsam soll erzwungen werden. So werde ich es auch hier in diesen Lehrbriefen meinen unsichtbaren Lehrern gleichtun und von jedem die Ableistung seiner zur Entwicklung nötigen Zeit verlangen und nicht einen Schritt weiter gehen, bevor das belegte Wissensgebiet nicht richtig erlernt und begriffen worden ist.

Blendwerk und Gaukelei sind keine Magie und beide haben nichts mit Magie zu tun. **Magie ist heiligstes Priesterwissen, als die geheime Botschaft und Lehre unseres rechtmäßigen Herrn und Schöpfers.** Dies sei der fünfte Merksatz, der fünfte Strich im gezogenen Elemente-Pentagramm, der zur Anfangsstelle zurückführt. Alle diese Sätze mache dir zu eigen und behalte sie gut, denn sie werden Dir bei Deiner späteren Arbeit von Nutzen sein.

3. Was soll die Magie sein und was ist sie?

Von diesem Grundgedanken ausgehend, will ich die Einzelheiten erläutern. Die Magie soll das Mittel sein, dem Erdenmenschen seine Lastzeit, welche ihm durch die aufgezwungene Herrschaft des „Anderen" schicksalsmäßig auferlegt worden ist, zu erleichtern. Sie soll ihm die Kundschaft des wahren Herrn und Schöpfers übermitteln und ihm über alle Gefahren des Daseins hinweghelfen. Das verborgene Wissen ist kein Bücherwissen. Es kann nicht auf Hochschulen gelehrt oder von den Begüterten durch Kauf erworben werden. Sie ist ein unsichtbares Besitztum und gehört jedem an ohne Unterschied, ob reich oder arm, begütert oder besitzlos, insofern sich derjenige recht eifrig darum bemüht. Keiner braucht in ferne Länder zu reisen, um das verborgene Wissen zu erlangen; er braucht weder zu darben, zu leiden, noch sich zu quälen oder zu martern, um ein Wissender zu werden. Kein Mensch kann es ihm einhämmern, so der Suchende nicht selbst danach trachtet, in den Besitz derselben zu kommen. Beneide nicht diejenigen, denen es gelang, am Ort einer solchen irdischen Hüte-Stelle als Erdenmensch verweilen zu können. Auch du kannst früher oder später mit, deinem unsichtbaren Körper am heiligen Feuer die Weihe erhalten, unsichtbar den Unwissenden. Die Gebiete des magischen Wissens, ihre Lehren und Anleitungen sollen dir das Mittel dazu sein. Du brauchst weiter nichts, als den festen, durch nichts zu erschütternden Willen und den echten wahren Glauben an den rechtmäßigen Herrn und Schöpfer dieser Welt, die unverbrüchlichste Treue unserem Herrn gegenüber. Dies liest sich leicht und spricht sich ebenso leicht aus, es ist schwer zu halten. Was auch auf dich einstürmen mag, das wirf zurück. Du willst nichts davon wissen. Jeder Zweifel, auch der leiseste und unscheinbarste, sei von und aus dir verbannt, nur die Unwissenden können zweifeln. Die Magie aber soll dir die Erkenntnis aller Erkenntnis sein. Nichts anderes. Jede andere Sache ist nur Beigabe und Begleiterscheinung. Merke dir: Magie ist auch die Wahrung der unverbrüchlichen Treue an den rechtmäßigen Herrn und Schöpfer. Wissend sich in das Geschehen einfügend, als Teil der Weltseele, als Glied der Kette, als Stück des Kreislaufes. Noch hängst du mit allen Fasern an den Bruchteilen der ererbten und eingepaukten Irrlehre, an modernen Grundsätzen, gesellschaftlichem Dünkel, und wie sie alle heißen mögen. Du vergibst dir nichts, wenn du dies alles von dir weisest. Meister Joschuah sprach einst ein Wort, was jeder Suchende ebenfalls aufnehmen kann: „So ihr nicht werdet wie die Kinder, so werdet ihr nicht in das Himmelreich kommen!" Kinder haben und kennen keinen Argwohn, keinen Zweifel, was ihnen der Vater, die Mutter oder die Lehrer sagen, ist ihnen eben Wahrheit, selbst wenn es der krasseste Widerspruch ist. Nicht kindisch, sondern kindlich werden in deinem Wollen, Denken, Fühlen und Handeln, dann kannst du die Botschaft und die Lehren der Magie voll und ganz erfassen, dann werden die in dich gestreuten Samenkörner reiche Früchte tragen, und du wirst ein wahrhaft Wissender werden. Von nichts kommt nichts, auch aus nichts kann nichts entstehen. Jede Sache, sei es auch das Kleinste, wird einen Anfang, eine Ursache haben. Wenn du nun aber gleich von vornherein dein Wollen, Denken Fühlen und Handeln auf das Grobmaterielle richtest, und dabei deine innere geistige Entwicklung außer acht lässt, so wundere dich nicht, dass du Fehlschläge über Fehlschläge hinnehmen musst. – Die Magie, das verborgene Wissen, gleicht einer kostbaren Perle, mit der man keine Säue – das sind Abtrünnige, Denkträge und Unwissende – füttert. Solange dieser Äon besteht, wird sie immer eine verborgene Wissenschaft bleiben, ein Beweis, dass sie nur den beglückt, der zu pflügen versteht. Die Magie soll das geistige Band sein zwischen Menschen, als den Völkern der Erde, und den Bewohnern der unsichtbaren

Welt. Den nachfolgenden Satz solltest du dir merken: Magie stellt auch das Bindeglied und Mittel dar zum Verkehr der Unsichtbaren und umgekehrt.

4. Esoterik und Exoterik, geistiges und materielles Wissen.

Es ist ein Fehler zu glauben, dass sich aus dem materiellen Wissen nunmehr auch das geistige Wissen entwickeln lasse, denn nur aus dem geistigen Wissen lässt sich als Nebenerscheinung das materielle Wissen entwickeln. Je tiefer der Suchende in die einzelnen Gebiete eindringt, umso schärfer treten beide Prinzipien zutage. Er braucht jedoch zuerst das geistige Wissen, um damit und dadurch das materielle erzeugen zu können. Übung und Handlungen gleichen toten Zeichnungen, die gedankenlos gezogen worden sind. Soll die Zeichnung Wirkung erhalten, so muss Leben in sie hineingelegt werden.
Gleichgültig ist es nicht, wie und wo man mit dem Studium beginnt. Manche werden zuerst das Materielle stützen wollen, das Geistige werden sie sagen, kann dir nichts nützen. Das sind irrige Anschauungen, die unbedingt ausgemerzt werden müssen. Durchaus meine ich nicht jene Esoterik, die in den verschiedenen Organisationen, Vereinen usw. gepflegt wird, die in mathematischen Rechenexempeln, Zahlenspielen, Beschreibung toter Buchstaben, Symbolen und anderen Dingen noch besteht. Auch wird nicht jene Esoterik befürwortet, die nur einem Akademiker infolge ihrer lateinischen Phrasen verständlich wird. Das ist alles unnütz, es verwirrt den Denkprozess und lenkt von dem Wahren ab. Es sind Notbauten, welche jene auf der Stätte ihrer zusammengebrochenen bisherigen Weltanschauung errichtet haben. Das sind Versuche, mangelhafte Übersetzungen aus Werken der alten Wissenden den Mitmenschen in eine brauchbare Form zu hüllen. Sie bleiben aber Stückweise des Wissens. Lehne sie ab, denn es sind tote Zeichnungen.
Unterscheide Mystik von den wahren Mysterien. Mystisch kann vieles sein, in dem man nach geistigem Sinne und Werte, nach einer Erklärung des Verborgenen sucht, doch ist die Mystik noch lange keine Mysterie. Eine Mysterie ist eine reine Kulthandlung, welche den oder die Ausübenden näher und enger mit dem Göttlichen in Verbindung bringen soll (siehe die kleinen Arkanen. Der Hrsg.). Sie kann eine Lösung oder auch eine Bindung darstellen. Die Letzteren überwiegen. Der Suchende wird zur rechten Zeit näheres darüber erfahren.
Exoterik, materielles Wissen führt zur Praktik jedoch nur, wenn der

Suchende die rechte Erkenntnis in dem verborgenen Wissen erlangt hat. Erst dann wird er in allen seinen Handlungen wirklich erfolgreich sein. Diese Bände werden dem geistigen Wissen auch die Praktik bringen, um den Suchenden in allen Sachen in den Stand zu setzen, das Erworbene zu verwerten. Wer nur die Praktik sucht und erlernen will, ohne sich vorher das notwendige geistige Fundament zu erwerben, der wird erfolglos bleiben. An dem Maßstab der geistigen Entwicklung ist der sichere Erfolg auf materieller Grundlage bedingt.

5. Entartete und entstellte Magie.

In meinen Ausführungen habe ich bereits die Entartungen und auch die entstellte Magie gestreift. Es ist aber notwendig, noch deutlicher zu werden. Als Entartungen sind alle älteren und modernen Lehren und Schriften über die verschiedenen Grimoiren zu bezeichnen, die vielfach mit christlichen Anschauungen durchsetzt worden sind. Ferner auch das Blutritual der sogenannten Santanisten, die Klostervorschriften und Teufelspakte. Entweder sind diese von Unwissenden verfasst, oder durch dieselben vielleicht unbewusst verfälscht worden. Man lese nur mit welcher Ironie der Inhalt des „Feurigen Drachens" ausgestattet worden ist. Weiter das 8. und 9. Buch Moses, wo die Magie direkt als Gaukelei hingestellt ist. Es ist Zeit, dass aus allen diesen Dingen, Schriften, endlich einmal die Entstellungen getilgt werden. Die Tätigkeiten der Gesundbeter und der Drachenbrüder (=FOGC) sind Arten verfälschter Magie und durchaus als abträglich für die wahre Magie zu bezeichnen. Sie schaden nur dem Ganzen. Auf Entartungen beruht zumeist auch der Gebrauch des Psalters im Spiritualismus. So zeigt fast jedes Gebiet des magischen Wissens in der Öffentlichkeit ungünstige Änderung auf.

Entstellte Magie ist das Wissen der Weisen und humanitärem Logen, der unsichtbaren Organisation, wie das moderne Rosenkreuzertum, die christlichen oder die Neutheosophie. Ihre Versprechungen bleiben leer und nutzlos, ob sie nun von den Indern oder Abendländern mit indischen Meistertiteln gegeben sein mögen. Je unvollständiger deren Lehren sind, für leider umso esoterischer werden dieselben gehalten. Der gute Wille wird ihrem Vorhaben durchaus nicht aberkannt. Da solches aber nicht das richtige ist, darum betone ich nochmals, dass der Suchende alles zu entfernen hat aus seinem Denken, was ihn irgendwie in seiner geistigen Entwicklung hemmt oder hemmen könnte. Er beseitige die Schlacken und

Bruchsteine, die noch verblieben sind, und schaffe in sich selbst reinen Tisch. Nur dann kann er zur wahren Erkenntnis und Überzeugung gelangen. Denn niemand kann zwei Herren dienen!

Die Hermetik ist die Wiedergeburt der wahren Magie, jener Ur-Religion der ägyptischen und chaldäischen Magie. Bei ihr braucht man keine andere Gedankenrichtung oder sonstwelche Anlehnung. Die Hermetik bietet so eine reiche Fülle von Kenntnissen, dass jeder Suchende viele Jahre brauchen wird, um diese sich voll und ganz anzueignen. Magie, das Wort mag fremd klingen und fremdartig anmuten, dem Wissenden wird dieses Wort die Quelle seines Wissens sein.

6. Die Wissensgebiete der Magie.

Der magischen Wissensgebiete gibt es viele. Verschiedene werden heute schon als selbstverständlich genannt. Die Wenigsten ahnen aber, dass das, was sie wissen oder beherrschen, nur ein Teilgebiet der Magie ist. So nenne ich den Magnetismus, die Hypnose, die Suggestion, die Telepathie, die Sympathie, die Mediumschaft und den Somnambulismus ein Teilgebiet der Magie. Dadurch haben wir schon sieben Teilgebiete der Magie. Nennen wir noch die niederen Abschnitte, wie Kartenlegen, Handlinienlesen, Sternlinienkunde, Handschriftenkunde, Pendelkunde und die Wünschelrute mit ihrem Problemen, dann haben wir weitere sieben Zweige der magischen Wissenschaft. Die mittleren Teilgebiete umfassen

1. Spiegelmagie.
2. Astromagie,
3. Formelkunde,
4. Talismanologie,
5. Sigilkunde,
6. Spaltungsmagie,
7. Mondmagie usw.

Die Sigille oder Pentakel sind bestimmte Zeichen. Dieselben sind für die Erreichung einer Verbindung mit dem Unsichtbaren bestimmt. Die eigentlichen Bindungen aber lehrt die Formelkunde, die quabbalistische Magie. Jedes Teilgebiet gliedert sich wieder in Untergebiete. Diese Untergebiete werden dem Wissenden später erklärt.

Höhere Gebiete sind mit den Lehren der magischen Energien, den Strömen, bezeichnet. An diesen schließen sich Sonnen- und Erdmagie, Namenskunde für den Verkehr mit den Unsichtbaren und die letzten Erkenntnislehren an.

Eine Mehrzahl der genannten werden in diesen Lehrbriefen erläutert, und so behandelt und gestaltet, um jedem Suchenden ein Gebrauchsbuch in die Hand zu geben. Bekanntes und vielmehr noch unbekanntes ist darin zusammengetragen worden.

7. Weiße und schwarze Magie.

In vielen Schriften finden sich Stellen, in denen die weiße Magie empfohlen, die schwarze dagegen verurteilt wird. Deutlich gesagt, geschieht dies aus Unkenntnis der Geheimlehren. Die Verfasser solcher Artikel kennen die Überlieferungen nicht und eine eingehende Beschäftigung über das Entstehen der Magie und ihren Ursprung fehlt ihnen. Sie schreiben vielmehr althergebrachte Sätze aus anderen Quellenschriften ab und geben das Gewonnene als eigene Meinung wieder. Mir wurde früher sogar einmal eine Schrift unterbreitet, in der der Verfasser behauptet, dass es auch eine *rote* Magie gäbe. Was ist nun weiße, schwarze oder rote Magie? Lediglich das Wort Magie, nicht aber das Wissen. Eine solche Einteilung gibt es nicht und kann es überhaupt nicht geben. Denn jene verborgenen Kräfte und Mächte stellen ein unteilbares Ganzes dar. Der Mensch, der die erlangte Kenntnis verwertet, bestimmt selbst durch seine charakterliche Veranlagung die Auswirkung. Wir wissen aus anderen Schriften, dass beim Sturz des rechtmäßigen Herrn der Welt eine Anzahl der Kabiren (Vorsteher) und deren Diener abtrünnig und in den Dienst des „Anderen" gezwungen wurden. Aus diesem Grunde ist die Auswirkung ihrer Kräfte nicht immer eine gute, wie es eigentlich sein sollte, oder vor dem Sturze des Adonis war. Die Abtrünnigen verursachen gerade das Gegenteil von dem, was sie sonst zu tun haben, und auch dann nur, wenn sie unter dem direkten Zwange des „Anderen" stehen. Es gibt nun Situationen, bei denen der Magus gezwungen ist, sich auch der Abtrünnigen (Dämonen) zu bedienen, um das Ziel seiner Wünsche zu erreichen, und zwar bewusst unter Kontrolle des eigenen göttlichen Willens, aber in der Einfühlung der kosmischen Gesetze. Das ergibt vielleicht ein falsches Bild über das gesamte Wissen, deswegen wird der Ausführende aber nicht ein Abtrünniger, oder ein Diener des „Anderen", denn er ist durch seine magische Autorität Herr sämtlicher Wesen!
Die aufgebrachten Begriffe über die Einteilung der Magie in schwarze und weiße sind Irrlehren, welche hauptsächlich von den Unwissenden und Ungeschulten ersonnen und verbreitet werden. Wohl aber gibt es eine

aktive und eine passive Handlungsweise, die auch ruhig als positiv und negativ bezeichnet werden kann, aber wohlgemerkt als Handlungsweise, nicht als Wissenschaft oder Wissensgebiet. Eine theosophische Entstellung behauptet nun, dass weiße Magie Gott wohlgefällig, schwarze hingegen teuflisch sei. Die Gründe, die zur Bekräftigung dieser Ansicht gegeben werden, sind aber sehr hohl. Wir wollen darüber unsere Anschauung entwickeln. Wir Hermetiker und auch alle Suchenden, die erfolgreich werden wollen, müssen uns unbedingt als die Kinder und Treuesten unseres Herrn und Gottes bekennen. Zu dieser Erkenntnis müssen wir uns unbedingt hindurchringen. Erfüllen wir dieses nicht, oder scheuen wir uns, um gewisser gesellschaftlicher Vorteile willen, so bleibt uns auch jeder große Erfolg versagt. Erst wenn wir rückhaltlos zu unserer Gottheit, aber nur zu ihr stehen, können wir die Geheimnisse und Geheimlehre richtig verstehen und anwenden. Was heutzutage als „Magie" bezeichnet wird, ist fast immer der Dienst des „Anderen". Wer mit solchem falschen Wissen arbeitet, wird nichts als Fehlschläge ernten. Seine geistige Erkenntnis mag wohl Nutzen davon haben, nicht vorteilhaft aber ist sie in der Umwandlung zum praktischen Gebrauch. Ich kenne wirklich bedeutende Kabbalisten, die ein sehr tiefes Wissen in ihrem Kopf haben, aber gezwungen sind, vom Armengeld der Stadtverwaltung zu leben. Ihnen geht die Verbindungsbrücke vom geistigen Wissen zum praktischen Nutzen vollständig ab. Eine große Lücke klafft in ihrer Magie, und sie sehen bis jetzt keine Möglichkeit, diese zu schließen. Es bestehen Logen, in denen hochgeistiges Wissen eingehend gelehrt und erläutert wird, leider sind dieselben bis heute nicht imstande gewesen, auch nur das Geringste zu erzielen. Alles das, was heute als angebliche weiße Magie gelehrt und beschrieben wird, ist wertlose Belastung des Gehirns.
Nun nehmen wir die Vertreter und Verfechter der schwarzen Magie daran, und was finden wir hier. Vieles was ich bis jetzt von den sogenannten Dämonologen gelesen oder gesehen habe, waren Fantasieprodukte oder Abschriften aus Klosterwerken. Etwas wirklich Positives ist auch da nicht vorhanden, nur ungeheures Beiwerk und nichts von wahrer Praktik zu finden. Obgleich diese Leute nun mit allen Fasern sich dem Teufel verschreiben wollen. Der Teufel achtet ihrer nicht. Die Wertlosigkeit der benutzten Vorschriften tritt hier klar zutage! Eine falsche Einstellung der Handelnden zu dem Gemisch jener falschen Lehren trägt das ihrige dann bei, um die Unwissenheit nicht zu beheben. Die Leute glauben, wenn sie nur die Kerzen anzünden, mit Weihrauch räuchern, und den Faustschen

Höllenzwang herleiern, müssten sie nun gleich von Gespenstern überlaufen und mit Gold oder sonstigen Reichtümern überschüttet werden. Wie herrschen hier Unverstand und Unüberlegtheit vor. Mir sind persönlich eine ganze Reihe solcher Schritten bekannt. Einige befinden sich darunter, die sogar nur gegen Revers zu haben sind. Alle diese Vorschritten wurden genau erfüllt, aber ein rechter Erfolg blieb aus Mangel an Reife fern. Lediglich Naturereignisse stellten sich ein, aber diese sind unter Verwendung eines bestimmten Wortes zu wiederholen. Da alle Anwendungen vergebliche Mühewaltungen blieben, sind schon viele an der Existenz der Unsichtbaren irre geworden. Andere zogen sich dauernd oder zeitweise Besessenheit zu. Gerade die zuletzt genannten Zustände lassen ohne Weiteres erkennen, dass jeder Mensch, welcher diese falschen und entstellten Lehren verwendet, sich selbst nicht genügend entwickelt, sich sozusagen ahnungslos den Abtrünnigen, den Dienern des „Anderen" ausliefert. Man kann deshalb die Schlussfolgerung ziehen, dass der „Andere", der sich auf der einen Seite als alleiniger und allmächtiger Herr der Erde aufspielt, in Wirklichkeit doch das böse Prinzip darstellt, der nur den Erdenmenschen in jeder Beziehung zu schaden und sie zu peinigen sucht. Wer also behauptet, genaue Unterschiede der Magie angeben zu können, den höre ich nicht an, denn auch er gehört zu den falschen Propheten.

Durch den „Götterkampf" sind auch wir gezwungen, zu unserem Schutze und zur Abwehr feindlicher Kräfte aktive und passive Handlungen vorzunehmen. Solche kommen jedoch nur für äußersten Notfall in Frage und auch dann geschehen sie im Rahmen des Weltenlaufes. Wir sind nicht geschaffen worden, um nur zu dulden und zu leiden, sondern zur Freude und Verherrlichung des wahren Schöpfers. Damit soll nicht gesagt sein, dass wir alles, was sich unserem Willen entgegenstellt, rücksichtslos vernichten, oder mit Feuer und Schwert bekehren müssen. Jedes Leben auf der Erde, sei es in einem Ding, Form oder Wesen, sei dir heilig. Auch in ihnen sind Funken der Weltseele vorhanden. Sei der Herr über die Natur, aber nicht ihr Tyrann, denn nur solche herrschen mit Gewalt. Du aber sollst ein treuer Jünger des universellen Lichtes und der reinen Liebe sein. Die Anwendung gewisser magischer Gebräuche findet man schon in den zur Zeit herrschenden Religionen. Dem Unwissenden wird hier erklärt, dass dies nur weiße Magie sei, obgleich ihre eifrigen Verfechter sonst das gesamte magische Wissen bis in den Boden hinein verdammen. Selbst scheuen sie sich aber nicht, die Magie aber doch anzuwenden, mit der bedeutsamen Auslassung, zur größten Ehre Gottes. Hauptsächlich das Gebiet der Formel und Wortmagie spielt dabei eine große Rolle. Es ist dies ein Teilgebiet der magischen Bindungen. Der regelmäßige Gebrauch gewisser Worte (Runen) und Formeln und das in den Zuhörern erzeugte plastische Denken bringt zweifellos Erfolge. So bringt jedes Religionsbuch Anleitungen und Berichte darüber. Das Brauchbarste bietet noch der Psalter, Taufe, Ölung und Abendmahl zum Ausgangspunkt von Bindungen magischer Kräfte. Räucherungen, Weihwasser und Anrufungen dienen demselben Zweck, nur das Wissen um den rituellen Ablauf fehlt. Jede richtige rituelle Handlung erzeugt magische Kraftwirbel, die allen daran Beteiligten zu Gute kommen. Was nun bereits durch die falschen und entstellten Lehren möglich ist, um wie viel stärker ist dann die Wirkung im rechten Glauben und Dienste des rechtmäßigen Herrn zu erwarten. Wer zweifelt oder kleingläubig ist, der wird niemals den rechten Nutzen dadurch haben, da er nichts empfinden und daher nichts aufnehmen kann. Er gehört zu den Lauen oder Halbfertigen. Zu welchen gehörst du? Ich vermute sehr, dass du noch nicht die richtige Überzeugung gewonnen hast. Du stehst wahrscheinlich noch zwischen Tür und Angel und überlegst, ob du den großen Schritt vorwärts tun sollst. Gehe hin, und werde glücklich. Gib dich mit ganzem Herzen und ganzen Sinnen hin dem Dienste der Wahrheit, des Lichtes und der Liebe. Dann werden die Nebel von dir weichen, welche dir jetzt den Ausblick in die Vergangenheit und Zukunft verhüllen. Auch du wirst sehend werden, wie jeder Eingeweihte. Die Schar der Getreuen im Erdenkleide vermehre sich, damit der wahre Gottesdienst auf's Neue errichtet und gepflegt werden kann. Diene auch du deinem persönlichen Gott, der der wahre Schöpfer und Herr ist, war und sein wird, bis an das Ende der Tage. Du bist mit reichen Geistesgaben ausgestattet in dies Erdenleben gekommen. Hinter dir liegt das Erdleben von früheren Erdenwanderungen. Nutze die gewonnene Erkenntnis. Karma ist nicht gleichbedeutend mit Belastung, sondern das gesetzmäßige Urleben, das unerforschliche Schicksal, dem du ebenfalls unterstellt bist. Du hast nichts zu bereuen, denn alles dient deiner Entwicklung. So brauchst du in gewisser Weise nichts zu sühnen, denn jeder Schicksalsschlag ist Wissen und Bereicherung! Ist dies nicht eine erhebende Botschaft? Weshalb zauderst du da und siehst dich nach Anlehnungen um? Hinweg mit den bisherigen falschen und entstellten Lehren. Hinweg mit allen Zweifeln und den eingepflanzten Übeln des „Anderen". Hinweg mit dem Symbol des Leidens. Nur ein Wesen kann dich je entsündigen, die Gottheit höchstpersönlich, denn die Sünde ist eben eine Belastung die der „Andere" verursacht. Der „Andere", welcher durch den Auftrag der Vorsehung Sünde und Schuld in die Welt brachte, kann nie ihr Herrscher zurecht sein. Hast du je einen Fabrikanten gesehen, der halbfertige Maschinen lieferte und behauptete, es liege an der Maschine selbst, wenn sie halbfertig sei. Nein, jeder wird seinen Ehrgeiz, und hier ist der Ehrgeiz am Platze, daran setzen, Erfolge zu schaffen und im persönlichen Sinne zuwachsen. Was ist nun Ehrgeiz? Ehrgeiz = Ehre geizen, d. h., die Ehre strittig machen, dieselbe auch erwerben wollen. Das Halbe, das Fehlerhafte stammt nicht vom Schöpfer, sondern vom „Anderen", der sich mit Gewalt des großen Reiches bemächtigt hat, und nun dasselbe in seinen Einzelheiten zu zerstören, zu vernichten sucht. Dabei bleibt es nicht beim Versuch. Die Geheimlehren berichten nun von Taten, welche auf einen völligen Untergang des Menschengeschlechtes abzielten (vgl. die Vernichtung von Atlantis. Der Hrsg.). Weshalb achtet die erzürnte Naturkraft nicht der vielen Prozessionen, die zur Besänftigung des Ausbruches der Vulkane veranstaltet werden. Vernichtet sind auch Kultstätten der jetzt herrschenden Religionen. Die Geister der Naturkräfte befinden sich im Kampf mit dem „Anderen", sie suchen das verhasste Joch abzuschütteln. Nicht der Planet Uranus im Tierkreiszeichen Widder, noch der Stand des Saturn im Bezirk des Schützen haben die Schuld an Katastrophen. Diese Sternkörper haben nichts mit dem Geschehen auf Erden zu tun. Andere Kräfte sind am Werke, die diese Veränderungen bringen. Überlege Dir diese Sätze und lerne die wahre Ursache von allem an den Wirkungen erkennen. Dich wird dann nichts mehr überraschen können.

8. Magie nach hermetischer Auffassung.

Gegen jede Sache mit unbekannten Namen empfinden wir Ausländer meistens eine Abneigung, die in einem Vorurteil begründet liegt. Auch ich war nicht ausgeschlossen und musste mich erst an die Eigenart der „Hermetik" gewöhnen. Freilich benutzte ich nun kein Handbuch des allgemeinen Wissens oder sonstige Bücherauskunfteien, sondern ich ging als Wissender an jene Stelle, die über den Sphären liegt. Von dort bezog ich die Aufschlüsse, welche ich jeweils nötig hatte und so kam es, dass ich schneller in das anscheinend neue Wissen eindringen konnte und den Magier als Verbreiter der Ur-Religion bestätigt fand. Das rabbinische Buch „Henoch" redet von den Sternen, welche auf die Erde kamen und mit den

Töchtern der Menschen Gewaltige der Welt zeugten und sie das verborgene Wissen lehrten. Vor diesem Buche habe ich oft gesessen und jene dunklen Stellen gelesen, bis einmal in einer Nacht mein Wanderweg im Astralkörper mich an eine Stätte führte, an welcher ich durch die sogenannten „Sterne" Unterweisung erhielt. Mit jenen Sternen sind nicht die festen Planetenkörper, sondern die Vorsteher oder Hüter derselben gemeint. Ich erhielt Gewissheit, dass sich die Hermetik mit vollem Recht als jene Religion bezeichnet, die zur Wahrheit führt. Die Hermetik bezeichnet die Magie nun als Naturreligion. Sie tritt selbst für die Wiederbelebung der alten Magie ein und gliedert die großen Geheimnisse in seine Abschnitte. Sie ist die Religion der reinen, unverfälschten Wahrheit, die aber immer als Geheimlehre bezeichnet wird, solange das gegenwärtige Äon besteht. Solange unser Herr der unbenannte und den Unwissenden der unbenannte Gott bleibt, sind seine Botschaften eben verborgenes Wissen. Durch die fortgeschrittenen Entwicklungen im Naturgeschehen wurden doch die Menschen durch die Diener des „Anderen", den Abtrünnigen, immer mehr von dem wahren Glauben abgelenkt. Die spärlichen vorhandenen Überlieferungen und Berichte wurden im Abendlande entstellt und geächtet und in den Schmutz gezerrt. Den Erdenmenschen sind ganz verwirrte Begriffe über das magische Wissen aufgenötigt worden. Die Vertreter der Religionen des „Anderen" suchten immer aufs Neue alles auszurotten, was ihnen nicht angehören wollte. Ja noch mehr. Sie suchten auch den Glauben der Völker fremder Länder in grausamster Art aufzuzwingen. Wer die weltgeschichtlichen Aufzeichnungen verfolgt, der wird finden, wo überall statt der Religion der Liebe die des Hasses, der Habsucht usw. eingeführt wurde, auf besondere Weisung des „Anderen".
Die Magie teilt sich nach der hermetischen Auffassungen in zwei sich ergänzende Hauptgebiete, in Geheimlehre und Praktik, in Theorie und Praxis, in Wissen und Weisheit. Die Geheimlehren bringen nun einesteils die geistige Anschauung, und teils die daraus zu entwickelnde Erkenntnis, und zum andern die Mysterien und die Kulthandlungen im Sinne dieser Lehren. Die Praktik bringt die Ursachen und die Wirkungen der vorgenommenen Handlungen auch in materiellen Angelegenheiten. Sie füllt die bisherige Lücke in den Geheimnissen voll und ganz aus. Der Wissende ist also in der Lage, sobald er die erforderlichen Kenntnisse des Wissens erreicht hat, dieselben auch im praktischen Leben verwenden zu können. Je tiefer er nun in das Geheimnis eingedrungen ist, umso größer wird seine Macht, und nur der Glaube mit dem festen Willen bilden seine

Stützen. Der Glaube, das ist die feste unveränderliche Überzeugung dem rechtmäßigen Herrn und Schöpfer gegenüber und das Halten der Treue zu ihm. Der Wille ist die hartgeschulte Denkkraft, die Ausdauer und das Festhalten an der einen Sache, die zur Durchführung kommen soll.

Die Geheimlehren teilen sich noch immer weiter in das Wissen der niederen, mittleren und schließlich zuletzt in die Überlieferungen der oberen Gebiete. Jeder Suchende muss erst ein Talmid werden, das ist ein Wissender, ehe er zum Magus, zu einem Eingeweihten heranreift. Zur Erlangung aller Erkenntnisse gehört nun nicht allein das Lesen der Lehrbände und sonstiger magischer Schriften, sondern das ständige Arbeiten an sich selbst, die Selbstschulung. Bevor nicht die niederen Wissensgebiete im allgemeinen Sinne beherrscht werden, sind die mittleren und oberen nicht zu erfassen. Es ist ganz aussichtslos, bereits im 1. halben Jahr des Studiums nun gleich den aktiven Verkehr mit den Unsichtbaren aufnehmen zu wollen. Zur Entwicklung gehört genügend Zeit. Jede angeborene Gabe lässt sich nur allmählich fortschreitend entwickeln. Auch ist das als eine Übereilung des Studiums zu bezeichnen, wenn der Einzelne nun ungestüm nach anderen Geheimnissen verlangt, die ihm wegen ungenügender Reife nun vorenthalten werden. Nach den mir zugängigen Überlieferungen hat man in den alten Priesterschulen 3 volle Jahre gebraucht; vor dieser Zeit wurde der Suchende zur Prüfung nicht zugelassen. Wir bedenken nun auch, dass die damaligen Zeiten ein durchaus eingehendes Studium gestatteten. Denn von den Sorgen des Lebens waren die Studierenden enthoben. Eine derartige Ablenkung, wie sie uns heute trifft, bestand damals nicht. Aus diesem Grunde ist eine dreijährige Werdezeit nicht zu hoch angesetzt, denn uns stehen zur Beschäftigung mit magischen Studien meistens nur dienstfreie Stunden zur Verfügung. Mit der Vermehrung des geistigen Wissens wird zugleich auch das praktische Wissen vertieft. Keiner soll Gaukler oder Taschenspieler werden, denn Magie hat mit diesen Behändigkeitskünsten nichts zu tun. Das Ziel eines jeden soll die Beherrschung der verborgenen Gesetze und Mächte in der Natur sein, wie es der Sinn der Geheimlehre ergibt. Aus diesem Grunde ist auch die Frau, Weib, durchaus nicht von den Studien ausgeschlossen, obgleich es ihr Naturgesetz ist, Liebe und Freude zu spenden und ganz in der Erfüllung dieser Pflichten zu leben. Das magische Wissen verlangt einen festen Glauben und einen unbeugsamen Willen. Weder Zauder noch Wanken bei entstehenden Hindernissen darf aufkommen. Es darf kein Zweifel an den Tatsachen geübt werden.

Erforderlich sind Ausdauer und Zähigkeit zur Durchführung der Sache. Jeder muss sich Mühe geben, bald wirklich überzeugter Hermetiker zu werden, und ganz im Sinne der Geheimlehre zu leben. Festigung des wahren Glaubens verlangt die geistige Wissenschaft. Selbstschulung, Selbsterkenntnis, Selbsterziehung sind die Grundbedingungen, und diese Faktoren sind auch der Schlüssel zum Erfolg. Alles was sonst noch von der bisherigen Weltanschauung oder der Erziehungsweise übrig bleibt, mag die eine oder das andere auch die geistige Weltanschauung schon annähernd getroffen haben, die Mängel müssen abgestellt werden. Herzensgläubig kann man unbedingt sein, trotz eventueller gesellschaftlicher Verpflichtung. Man muss mit sich im Reinen sein, dann werden die Einflüsterungen der abtrünnigen Dämonen abprallen. Moralische Bedenken, wie sie die Lauen und Halbfertigen der Überklugen so gern anbringen, haben ganz zu schweigen. In bestehenden Studiengemeinschaften können leichter die rechten Regeln und Grundsätze durchgeführt und in den Zugehörigen aufrecht erhalten werden, denn nicht jeder eignet sich für unser Wissen. Viele sind berufen, aber nur wenige auserwählt.
Die hermetische Weltanschauung stützt sich auf die 7 Hauptteile der Geheimlehren. Auf die Erkenntnis als Fundament sind Wissen und Praktik aufgebaut. Wenn der feste Grund zu beiden gelegt ist, dann wird der gesuchte Erfolg aus dem Leidenstal des Erdenlebens herauszukommen, sicher erreicht.

9. Die sieben Hauptlehren der Geheimlehre!

Die **erste** Hauptlehre handelt von dem Chaos, dem Akasha, und den Göttern, von dem Ursprung alles Seins. Das Chajots-Chaos, auf deutsch, das Ur-Leben, ist das Ur-Sein, alles Daseins. Die Eingeweihten der altägyptischen Zeit benutzten als Symbol für dieses Ur-Leben, den Doppelkreis mit der Flamme von einem Oval umrahmt. Die Kabbala weist dasselbe Zeichen als Symbol der Unendlichkeit auf und hier wird sehr weise Ewigkeit und Unendlichkeit unterschieden. Eine Ewigkeit ist nicht unendlich, denn diese hat Anfang und Ende. Über diese gewiss interessierende Auslassung werde ich mich an anderen Stellen ausführlich äußern. Durch die Erklärung der Symbole wird der Scharfsinn der Alten, insbesondere von Hermes Trismegistos, treffend gekennzeichnet. Das Ur-Leben war der Ursprung aller, auch der Götter. Stellen wir uns einmal einen Kreis her und schneiden denselben in zwei Stücke mitten auseinander, so besitzen wir zwei Hälften, die zusammengelegt und aneinandergefügt den früheren Kreis bilden. Nehmen wir nun ein großes Stück Papier, zeichnen darauf einen Kreis und schneiden dessen Umfang aus, so haben wir einen zweiten Kreis, der die Füllung des Papiers bildet, wenn er wieder eingefügt wird. Den herausgenommenen Kreis teilen wir in der Mitte, und wir haben zwei Hälften vor uns liegen. Werden diese beiden Teile aneinandergelegt, so entsteht die alte innere Kreisfläche. Schreiben wir nun auf die eine Hälfte Raum-Stoff, so haben wir einen bildlichen Vorgang des Anfangs alles Bestehenden. Die Geheimlehre sagt, aus dem Chajot (Akasha) gingen der Herr und die Herrin hervor, das sind die 1. Götter, die Ur-Teile aus dem Ur-Leben. Aus der Vereinigung dieser beiden Götter erging zuerst das Prinzip der Zersetzung, das kalte, unerbittliche Recht, sein Name wird nie genannt. Sodann das Götterpaar Adonay und Istar oder das Licht und die Liebe, chaldäisch werden diese beiden Adonis und Dido genannt. Diese Götter rühmen Äonen. Entwicklung, Entstehung usw. unterliegen dem Einfluss des Ur-Lebens, welches nunmehr das unergründliche und unerforschliche Schicksal darstellte. Jene Eingeweihten bezeichneten es symbolisch mit einem Kreis, von dem 7 Strahlenbündel ausgehen. Sie bedeuten die Weltenergien, die alles durchdringen und in Bewegung halten. Weiteres hierüber im vierten Band „Die Weltenergien".

Die **zweite** Hauptlehre spricht von der Weltschöpfung. Nur durch die Vereinigung beider Teile – siehe das Bild der ersten Tarotkarte im „Adepten" von Franz Bardon – entsteht die Kreisfläche. Somit stellt die Vereinigung beider Teile der Gottheit, des Gottes und der Göttin, ebenfalls erst die vollkommene Einheit dar. Durch die Verbindung von Mann und Weib wird auch erst der eigentliche vollständige Mensch gebildet. Aus der Vereinigung des Gottes und der Göttin heraus entstand die unsichtbare Welt, und aus der des Gottes Adonay und der Göttin Astarte die sichtbare Welt. Je näher dem Ur-Leben, umso feiner und durchsichtiger ist der Stoff, je weiter entfernt, umso dichter wird er sich gestalten. Die sichtbare Welt ist nur das Abbild der unsichtbaren und ihre Menschen sind zugleich die zur sichtbaren Welt verdichteten, ehemals unsichtbaren Menschen, die getreuen Nachbildungen der Götter. Allerdings spricht auch die ägyptische Geheimlehre davon, dass die sichtbare Welt das verkörperte „reine Wolllustgefühl" aus der Liebesvereinigung sei, deshalb sei der Geschlechstrieb der stärkste aller Naturtriebe und die geschlechtliche Vereinigung das heiligste Mysterium des Lebens. Die Letzte ist überhaupt eine heilige Verbindung in der Auffassung sowohl als auch in der

Verwendung, und unsere Moral und sittliche Anschauung gilt es, um diese Erkenntnis zu bereichern. Die Ehe, wie wir sie jetzt pflegen, ist von der Gottheit eingeführt und geheiligt worden. In der glücklichen Zeit hat diese Einrichtung auch schon bestanden. Dem Manne lag der Dienst zur Verehrung der Götter ob, und das Weib erfüllte den der Liebe. So versagte sich kein weibliches Wesen seinem Manne, sofern dieser der Vervollkommnung zustrebte. Ebenso schlug kein Mann das Anerbieten seines Weibes aus. Die Zweigeschlechtlichkeit geht durch alle Teile und Teilchen der gesamten Welt hindurch, in der Sichtbaren, wie in der Unsichtbaren. Um nun mögliche Fragen zuvor zu kommen, will ich hier auf einige näher eingehen. Zuerst die bestimmte Frage: Besitzen die Geister ebenfalls Geschlechtsorgane? Bei meinen astralen Wanderungen habe ich nun Studien darüber angestellt und kann daher diese Frage mit Ja beantworten. Die Unsichtbaren sind Menschen wie wir, in der gleichen Körperform und Gestalt mit allen unseren Organen und Gliedern, nur sind sie eben dem Auge des Erdenmenschen unsichtbar. Sie können aber ihren unsichtbaren Körper nach ihrem Willen unter Benutzung bestimmter irdischer Stoffe auf kürzere oder längere Zeit verdichten und dadurch auch den körperlichen Augen der Erdenmenschen sichtbar werden. Ein Zwang, sich uns zu offenbaren besteht nur, wenn wir den wahren Namen besitzen. Zeugung besteht hier wie dort. Von einer Überfüllung der beiden Welten kann trotzdem keine Rede sein, denn jedem Götter- und Menschengeschlecht ist ebenfalls in der Vermehrung eine Grenze gesetzt; ist diese erreicht, so tritt „Unfruchtbarkeit" ein. Zeugung von Nachkommen durch Vereinigung zwischen Menschen beider Welten ist möglich. Entweder verdichtet sich der unsichtbare Körper seinen Körper hierzu, so wird ein Erdenmensch erzeugt, oder der sichtbare Mensch geschaffen. Dieses ist aber immer möglich, denn wir müssen beachten, dass das unsichtbare Menschengeschlecht bedeutend älter an Entstehungsalter ist, als das irdische Menschengeschlecht. So sind die weiblichen Wesen der Fürsten der Unsichtbaren längst der „Unfruchtbarkeit" verfallen und wird aus der astralen Vereinigung mit einem solchen Wesen kein sichtbares Menschenkind entstehen. Wer die Gunst der Lilitha erwirbt, wird meine Angaben bestätigt erhalten.

Die **dritte** Hauptlehre berichtet vom goldenen Zeitalter. Alle Religionsbegriffe der Erdenvölker reden von jener Zeit des wahren Glückes. Der paradiesische Zustand wurde durch keine Katastrophen oder sonstige Naturereignisse gestört. Die Menschen kannten keine Feindschaft oder sonstige Laster. Ebenso waren Leiden, Krankheiten, Schlaf und Tod unbekannt. Friede und Freude herrschten. Der Mann erfüllte nur den Dienst an der Göttlichkeit und das Weib vergab die Liebe. Das war die Zeit des vollkommenen Glückes, wo auch die Unsichtbaren oftmals längere Zeit unter den Sichtbaren weilten. In einem solchen Zustande gab es keine Praktik als Begleiterscheinungen. Es bestanden ja nur die Mysterien und das große Wissen.

Die **vierte** Hauptlehre spricht vom gegenwärtigen Äon. Es gelang dem „Anderen", sich der Herrschaft zu bemächtigen und die sichtbare Welt unter seine Gewalt zu bekommen. Das war im Schoße des unergründlichen Schicksals vorgezeichnet und bestimmt. Seit jener Zeit besteht sein Walten und auch der Grausame fürchtet dasselbe. So folgte auf die Verdrängung der Glücklichen die abtrünnigen Dämonen mit ihren Machtbereichen und ihren Handlungen. Unordnungen entstanden im Naturgeschehen und die Menschen der Erde trauerten lange Zeit um das verlorene Glück, als sie inne wurden, was geschehen war. Nur die geheimen Botschaften des wahren Herrn und Schöpfers trösteten sie, dazu kamen die mündlichen Überlieferungen aus dem Munde der Brüder des Lichtes. Der Anschlag des Grausamen, sich auch in den Besitz der unsichtbaren Astral-Welt zusetzen, scheiterte und diese verblieb dem Adonay und Astarte. Die unsichtbaren Menschen schlossen unter der Führung ihrer Fürsten einen Bund mit dem wahren Herrn, zur Wahrung der unverbrüchlichen Treue dem Rechtmäßigen gegenüber. Dies ist der „Bund des Aschmunadai", dessen Abgesandte die eigentlichen Lehrer der Erdenmenschen und die Begründer der hermetischen Geheimlehren des verborgenen Wissens der magischen Gebiete wurden. In Ägypten entstand eine Tochterorganisation des Bundes der Unsichtbaren, es war der „Erhabene Bund des oberen und unteren Cham". Im Lande Ur, dem späteren Chaldäa, dem heutigen Iran, entstand durch die Abgesandten das obere Kraftzentrum. Der „Erhabene Bund" in Ägypten ist längst untergegangen, nur seine großen Bauten stehen noch und mancher Wissenschaftler wundert sich, weshalb Chaldäa die gleichen Bauwerke aufweist, wie Ägypten. Das Kraftzentrum in Ägypten ist deshalb versunken, weil die Mitglieder des Bundes sich durch die Abtrünnigen verblenden ließen. So blieb nur das Kraftfeld in Chaldäa bis auf die heutige Zeit erhalten. Die Hüter des heiligen Feuers haben dort den Verlockungen und Verfolgungen auf das Äußerste widerstanden, wenn auch die Schar der Eingeweihten dort verkleinert wurde. Dort leuchtet die sichtbare Feuerquelle umso stärker und reiner, die im anderen Kraftzentrum in der

Verborgenheit unter Sand und Schutt nur noch glimmt. Die Sintflut sollte damals nach dem Willen des Grausamen beide Feuerquellen verlöschen. Doch der Plan misslang, da dieses reine Feuer stärker sich erzeugte. Ein tiefes Mysterium ist darunter verborgen, welches erst dem Eingeweihten unter Mithilfe der Unsichtbaren offenbar wird. Zum Nutzen der Gläubigen gab Adonay die Praktik zu den Geheimnissen der alten Lehren, und ihre Verwendung hat nur dann Erfolg zu erhoffen, wenn der rechte Glaube gepflegt und hochgehalten wird. Ich habe Beweise, die mir unter Wahrung der strengsten Diskretion, was die Namen angeht, gegeben wurden, aus denen hervorgeht, dass es noch heute in unseren modernen Welt dem Eingeweihten vorbehalten bleibt, vermittels der Geheimlehren und der Praktik große materielle Vorteile zu schaffen. Der Betreffende, dessen Name und Amt ich auslasse, ist innerhalb von fünf Jahren mehrfacher Millionär und ein sehr bekannter Diplomat geworden, gemäß seines Auftrages! Vor dem gehörte er nur dem Adelsstande an, ohne Vermögen zu besitzen. Das ist ein schlagender Beweis vom Abendland, es gehört dazu der rechte Glaube, der feste Wille und die zäheste Ausdauer, weiter nichts. Mag auch der „Andere" alles versuchen, seine Position zu sichern, es wird ihm nicht gelingen, nur noch eine kurze Zeit, und seine Taten werden nicht mehr genannt, sondern der Vergessenheit anheimfallen.

Die **fünfte** Hauptlehre redet von dem falschen Propheten. Der Grausame trachtet danach, den wahren Glauben in den rechtmäßigen Herrn und Schöpfer unter den Erdenmenschen auszurotten, um dadurch die Schar der Abtrünnigen zu vergrößern. Er sandte falsche Propheten, deren Lebensarbeit es war, den Kult und den Glauben des „Anderen" aufzurichten. Selbstverständlich sind noch weitere Irrlehren vorhanden gewesen, doch deren Reformen blieb auf kleinere Kreise beschränkt. Abraham, Moses, Joschuah und Mohammed lauten die Namen der vier wahren Verkünder. Wahre, Führernaturen waren Moses, Joschuah und Mohammed. Moses war außerdem noch ein Wissender der ägyptischen Geheimlehren. Er begründete den Bund der mosaischen Religion. Abraham war vor Moses genannt worden und ist der Stammvater Israels. Joschuah trat als Reformer jener Lehren des Moses auf und wurde der Begründer des Christentums. Mohammed war der Begründer des Islams. Die Anhänger der verschiedensten Richtungen, Sekten und Religionen bekämpften sich bald aufs Ärgste unter dem Einfluss des „Anderen" und so wurde die Erde der Schauplatz blutiger Auseinandersetzungen. Die Menschen zerfleischten sich gegenseitig und fast erschien es, als ob diese geistige Sintflut größeren

Erfolg hätte als die materielle. Doch die Kräfte aus dem Ur-Leben des jetzigen Schicksals sind stärker als der Wille der tyrannischen Dämonen.
Wir dürfen nicht verkennen, dass gerade zu jener Zeit, welche den Anfang des Christentums bildet, Simon Magus und Appollonius von Tyana lebten, welche im Dienste des rechtmäßigen Herrn lehrten und handelten. Aus den Lehren des Simon Magus entwickelte sich später die Gnosis mit ihren Anhängern, den Gnostikern, die von den Christen der Buchstabenlehre auf das Grausamste verfolgt wurden. Über das Leben und Wirken des Appollonius von Tyana ist nur wenig bekannt. Aller Erfolg beruht nur auf der richtigen Einstellung des eigenen Willens und der eigenen Erkenntnis. Damit will ich nun nicht diejenigen fördern, welche sagen könnten, seht, auch er gibt uns magische Erfolge zu. Aus diesem Grunde brauchen wir unser Wollen, Denken, Fühlen und Handeln nur umzustellen und vergöttlichen. Die Errungenschaften, welche im Dienste des „Anderen" erzielt worden sind, fallen immer recht spärlich aus, sie verflüchtigen sich sehr bald und haben darum in den folgenden Inkarnationen keinen dauernden Wert. Mit dem Ableben des Erfolgreichen ist auch das Lebenswerk erledigt. Jeder Nachahmer erzielt nur Fehlschläge. Dagegen sind im Dienste des rechtmäßigen Herrn dauernde, anhaltende Erfolge zu erwarten.
Die **sechste** Hauptlehre kündet von Schlaf und Tod, von Immicat und Osrail. Wir wissen, dass die Menschen der Erde in der ersten Zeit der Gewaltherrschaft des „Anderen", seiner Willkür, erbarmungslos ausgeliefert waren. Dieser Zustand wäre geblieben, wenn sich nicht der wahre Schöpfer seines Werkes angenommen hätte, der zwei seiner Engel zur Erde sandte, den Schlaf und den Tod, auch Malach Hamun und Malach Hamuth genannt. Dadurch werden die irdischen Menschen auf gewisse Zeit der Gewalt des Grausamen entrückt. Verkürzt der Schlaf doch unsere Erdenzeit um mehr als ein Drittel. Er versenkt unseren Körper ins Unbewusstsein und lässt alle vom Wasser der Vergessenheit trinken, wir gewinnen neue Kräfte, die Lastzeit weiter zu ertragen. Der Tod trennt uns von der jeweiligen Erdenhülle und ermöglicht den Eingang in das Rastleben, ohne Empfindung und Rückerinnerung. Wir alle müssen während des Zeitalters des „Anderen" symbolisch gesehen 7 mal sterben, und immer wieder müssen wir aufs neue ins Erdenleben zurückkehren. Erst wenn wir zum 8. Mal auf der Erde eingekörpert werden, finden wir eine andere Zeit vor. Dann wird wieder die glückliche Zeit jenes verlorenen Glückes herrschen. Alle die wir jetzt leben, stehen bildhaft im 6.

Erdenleben und haben ein Daseinsalter von 5000 Erdenjahren hinter uns. Die Erlebnisse der Rastzeit, während welcher unsere Körper zerfallen, ist dem Magier erschaubar. Die Einzelheiten jener Erdenleben können auch wachgerufen werden und es wird kund, wo wir als Menschen auf der Erde lebten und handelten. Diese Rückerinnerung ist ebenfalls eine Begleiterscheinung des magischen Wissens und wird nur dem gegeben, der im rechten Glauben handelt. Dann wird uns Erleuchtung zuteil, weshalb wir so geprägt sind, wie wir erscheinen, und deshalb jeder Einzelne Gaben und Gewohnheiten besitzt, in denen er sich von anderen Menschen unterscheidet. Dann erkennen wir, dass es keine Sünde, sondern nur eine Fortsetzung früherer Handlungen und Lebensweisen gibt. Was wir uns selbst geschaffen und erzeugt haben, das wird sich uns offenbaren, ob wir auch dem irdischen Körper nach aus dem Geschlecht eines Arbeiters, eines Bauern oder sonst eines Parias entstammen. Wenn wir von altersher königlichem Blute entsprossen, dann werden wir immer wieder die Gesinnung, die Eigenschaften und Talente des alten Geschlechtes besitzen und entweder König, Führer oder Auserwählter sein. Nicht die Geburt oder die Schulbildung schafft die Wissenden, sondern die innewohnenden Geistesgaben. Darum kann ich zusammenfassend vermerken: Wir als Suchende nach der verborgenen Erkenntnis stammen aus jenem Geschlechte, das seinerzeit teils von den Abgesandten der Unsichtbaren gezeugt, teils mündlich belehrt worden ist. Wir sind jene Alten aus Ägypten bzw. dem Lande Ur, des späteren Chaldäa, die Wissenden und Eingeweihten jener Zeit, das Priestergeschlecht einer längst verloschenen Periode. Keiner wird zu uns kommen, der nicht schon einmal einer der Unsrigen war. Niemand wird sich wandeln können, der nicht vorher zur Schar der Getreuen im Dienste des Herrn gestanden hat. Unsere jetzige Geburt zählt nichts, denn die irdische Abstammung, Besitz und Materialwissen, wie ich es nennen möchte, besagt auch nichts, wenn wir nur im großen Gefolge des Adonis (der Gottheit) uns befanden, so wird er auch diesmal wieder unser Hort sein. Du weißt heute nicht, von wannen du deinem Geiste nach stammst, welchem Energiegebiet du im verborgenen Wissen angehörst. Ferner ist dir unbekannt, was du in deinem vorhergehenden und überhaupt in den früheren Leben getan hast. Als Wissender wirst du darüber Näheres selbst erfahren. Die Nebel werden sich lichten und dir wird die richtige Erkenntnis zuteil, aber nicht von heute auf morgen, sondern erst dann, wenn du von jenen Unsichtbaren als ein bewährtes Glied des Unsichtbaren Bundes befunden bist, haben die Wellen des Äthers die Möglichkeit, deine Seele in Schwingungen zu versetzen. Verbanne jeden Zweifel, es ist so, wie ich dir gesagt habe, du wirst mir das bestätigen können, wenn du Anschluss gefunden hast.

Die **siebte** Hauptlehre bespricht die Welterlösung. Darin wird gelehrt, dass alles einen Anfang und ein Ende hat, ob es nun Ewigkeiten, Weltbestehen oder Zeitalter sind. Die Unsichtbaren rechnen nach Lichtjahren, welche ca. 1000 Erdenjahre umfassen und welche Perioden uns irdischen Menschen fast unwahrscheinlich vorkommen mögen. Dr. Musalllam beschrieb im Buch: „Adonismus" dieses Wissen näher. Das ganze Werden und Vergehen umfasst sieben Äonen (vgl. die kleinen Brahma-Tage. Der Hrsg.) und diese enthalten verschiedene Zeiten, gemessen an Licht- und Erdenjahren. Unser jetziger Äon besteht aus 7 Licht- oder 7000 Erdenjahren und daran anschließend wird sich einstellen, was man die glückliche Zeit nennt:

- Der 1. Äon beschreibt den Zeitraum des Chaos (Akasha) bis zur Entstehung des 1. Götterpaares der Herr und die Herrin.
- Der 2. reicht bis zur Entstehung des „Anderen".
- Der 3. zählt bis zur Entstehung des 2. Götterpaares Adonis und Astarte. In diesen fällt auch das Werden der unsichtbaren Welt und aller ihrer Einzelheiten.
- Im 4. Äon schaffen Adonis und Astarte die sichtbare Welt und begründen dadurch das goldene Zeitalter.
- Der 5. Äon ist der Zeitraum der Gewaltherrschaft des „Anderen", welcher gegen Ende des Äons erneut dem glücklichen Zeitalter Adonis und Astarte weichen muss.
- Im 6. Äon erfolgt die Auflösung der sichtbaren Welt.
- Im 7. Äon gehen die Auflösung der sichtbaren Welt und die Götterrückkehr ins Akasha vor sich.

Dies mag uns, die wir bisher vom Himmelreich, Hölle und Fegefeuer und von einem schönen Jenseits gehört haben, recht sonderbar erscheinen. Fragen wir aber, wo Himmel und Hölle sich befinden, so ernten wir nichts als Schweigen zur Antwort. Man sucht den Himmel hoch über den Welten, Wolken, die Hölle aber im innersten der Erde. Bezeichnend sagt Joschuah in einer seiner Reden: „In meines Vaters Haus sind viele Wohnungen". In welcher Gegend sich aber diese Räumlichkeiten befinden, darüber ist nichts verlautet. Nennen wir Himmel jenes azurblaue Gewölbe, welches sich über der Erde erhebt, so wissen wir nicht, wie weit sich dieser sichtbare Raum erstreckt. Es entzieht sich auch unserer Kenntnis, wie weit doch der

Luftgürtel reicht, der sich um die Erde gelegt hat. Wir wissen ferner nicht, ob die Erde in Gestalt einer Kugel oder einer Birne ist. Neuerdings behauptet ein Forscher, dass die eigene Erde, die innere Wandfläche einer großen Hohlkugel darstelle. Alle diese Fragen bleiben vom schulwissenschaftlichen Standpunkt aus unbefriedigt beantwortet, denn ein Nachweis für das eine oder das andere Problem kann nicht geliefert werden. Ich habe früher selbst viel Zeit verwandt, Licht in gerade diese Überlegungen zubringen. Durch das astrale Wandern habe ich aber rascher den Einblick in das Wunderwerk der Welt erhalten. Unser Weltsystem, zu dem wir mit der Erde gehören, gleicht einer nach oben zu erweiterten Röhre. Jener Unsichtbare nannte es wohl Vene, die sich an einer Stelle der Haut des Weltmenschen befindet und unsere Erde bildet in dieser Vene die Ventilkugel. Im geordneten Zustand würde sie nur steigen und fallen, je nach dem Blutdruck der Ader. Der Blutdruck in unserem System schafft Energien, welches das Leben im Gesamtorganismus erhält. Die Drehung der Erde wird durch den fieberartigen Zustand, in dem sich der ganze Weltmensch seit Beginn der Weltbesessenheit befindet, erzeugt. Es ist dies kein normaler Zustand und er wird wieder weichen, wenn die Besessenheit wieder gelöst ist. Ich gebe mich der Erwartung hin, dass jeder Leser dieses Bild richtig verstanden hat. Die Wände jener Venen aber sind durchsichtbar und deshalb können wir in hellen Nächten die vielen anderen Sterngruppen mit unserem Auge erkennen. Sie liegen nicht wahllos im Universum verstreut, sondern im System sind sie geordnet. Zu jedem Bereich gehören sieben Ringe und eine Ventilkugel. Jeder Ring besitzt einen Sternkörper, einen Planeten als Signatur. Durch Zusammenfassung aller Gebiete der Magie wird dieselbe zu einer beachtenswerten Wissenschaft, zu einer erhabenen Weltanschauung. Wir lehren nichts, was der Suchende nicht selbst früher oder später nachprüfen kann und eröffnet einem große Einblicke in die Geheimnisse der Natur. Wer die Lehren richtig erfasst und erkennt, der kann großen Nutzen auch für das materielle Leben daraus gewinnen. Es ist trockenes Wissen, noch eine weitere Behauptung aufzustellen, ohne den Beweis der Durchführbarkeit zu erbringen. Die Magie bietet eine innere Lebendigkeit und keinesfalls ist sie eine Religion der Toten.

10. Magische Propädeutik.

Die Korrektur der eigenen Persönlichkeit bildet ein Haupterfordernis in dem vorbereitenden Unterricht der Magie. Die Pflege des Körpers, die Reinigung der Gedanken, des Charakters und eine Aufstellung von Grundübungen, die Entwicklung täglich zu fördern, sind darin inbegriffen.

Ich darf vermuten, dass die allermeisten der geneigten Leserinnen und Leser eine möglichst eingehende Erläuterung der magischen Lehren wünschen; aus diesem Grunde wurde der Inhalt der Lehrbände so abgefasst, um diesem Umstand entsprechend gerecht zu werden.

Die Ausübung der praktischen Magie erfordert einen geschulten Geist in einem gesunden Körper. Dieser soll von Krankheiten und Gebrechen frei gehalten werden, was am besten durch Abhärtung geschieht.

Wer andere Menschen beherrschen will, der muss vorerst seinen eigenen Körper mit allen seinen Organen in der Gewalt behalten.

Jene freie Körperkultur mit ihrem Bestreben, den Menschen widerstandsfähig zu machen, ist doch recht für die jetzigen Zeitverhältnisse geschaffen worden, denn wir sollen uns nicht nur als Stubenpflanzen entwickeln. Der im Sonnenlicht und in freier Natur sich tummelnde Erdenbürger braucht sich dabei seiner Nacktheit durchaus nicht zu schämen, da unsere Abstammung göttlichen Ursprungs ist, die Meinung der Menschen gefällt sich stets darin, unterschiedlich zu sein. Die herrschende Sitte legt uns zwar immer noch den Zwang gewisser Anstandsregeln auf, und wenn diese lästig fallen, der kann seine Körperpflege in einem abgelegenen Zimmer bei weit geöffnetem Fenster vornehmen. Je öfter der ganze Körper der Luft und dem Sonnenlicht ausgesetzt wird, umso besser zirkuliert das Blut in unseren Adern und die Nervenpartien vibrieren in gleichmäßigen Schwingungen. Haben wir an den abgeschiedenen Orten noch störende fremde Augen zu befürchten, dann verrichtet ein Vorhang aus leichtem, dünnmaschigem Gewebe gute Dienste. Körperpflege bleibt Hauptaufgabe, und da alle Menschen aus dem gleichen Stoffe geformt sind, kann von einem verletzten Schamgefühl überhaupt nicht gesprochen werden. Dasselbe wird sich im direkten Sinne ja auch nur auf geschlechtliche Reize beziehen, die hier aber außer Betracht zu lassen sind.

Je ein Bad des Morgens und Abends wird seinen Zweck erfüllen. Früh schaffte es Erfrischung, und abends bildet dies den Übergang zum vollen Ausruhen, die Tätigkeit der Seele und des Geistes während der Nacht günstig zu beeinflussen. Nach einer ganzen Waschung wird die Haut am besten in freier Luft trocken gerieben, eine kreisförmige Massage hat sich dabei als sehr geeignet herausgestellt. Das Abtrocknen mit Tüchern ist nicht so vorteilhaft, als die Verreibung mit den eigenen Händen. Vom Standpunkt der Sparsamkeit muss diese Art auch begrüßt werden, weil dadurch das Handtuch gespart wird. Sobald sich die Haut trocken anfühlt, ist es ratsam, dieselbe mit balsamischen Ölen einzureiben, um gleichmäßig gegen Kälte und Hitze geschützt zu sein.

Die äußeren Geschlechtsteile bedürfen einer besonderen Pflege, alle Ausscheidungen der Talgdrüsen sind zu entfernen. Eine regelmäßige Pflege schafft es auch, dass jeder seinen eigenen Körper kennen und achten lernt. Die schädlichen Wirkungen der Onanie kommen bei solchen Menschen dann nicht auf. Des Weibes Körperpflege kann an den Tagen der monatlichen Reinigung unbesorgt fortgesetzt werden. Die Blutungen verstärken sich dadurch keinesfalls. Der Körper muss aber die tägliche Pflege gewöhnt sein. Viele Krankheiten haben ihren Ursprung in der Unreinlichkeit der Geschlechtsorgane und darum sollte, was wohl schon allenthalben geschieht, auf die Reinigung ganz besonderen Wert gelegt werden. Von frühester Kindheit an muss auf die Reinigung ganz besonders Wert gelegt werden und bei den Sexualorganen einsetzen, dann wird dem heranwachsenden Geschlechte eine prüde Heuchelei der falschen Scham unbekannt bleiben.

Die dem letzten Jahrhundert entstammenden Menschen sind wohl in dieser Hinsicht bis auf Ausnahmen alle nicht gut abgehärtet worden. Der Zwang in dichten Kleidern, im Winter sogar in Pelzsachen, eng verschnürt zu gehen, verhinderte die Entwicklung der Haut unter Einwirkung der Luftströmungen und der Sonnenstrahlen. Als eine Folge solcher Erziehungsmethoden sind die schwächlichen Menschen zu bezeichnen, die fast von jedem starken Luftzug ungünstig beeinflusst werden.

Das Bedecken des Körpers während der Nachtruhe wäre auch besser abzugewöhnen. Gerade in der Zeit des Ausruhens braucht der Körper sehr viel Luft, um den Sauerstoff durch die Hautporen ausgiebig den Nerven zuzuführen. Bei den alten Hermetikern der Vorzeit bestand in den Priesterschulen der Tempel ein Gesetz, welches ein Bedecken des Körpers während der Ruhe untersagte. Die Spannkraft des Körpers wird dadurch erhöht, die Energie des Willens vermehrt.

Den Abschluss der täglichen Körperpflege bilden die Anrufungen der Gottheit am Morgen und Abend. Verwende dazu die Gebete an Adonay und Dido.

Falls nach einem so folgerichtigen Plane der Einwand gehoben würde, dass keine Zeit zur Ausführung vorhanden sei, dann wirst du bei Befolgung der angegebenen Sätze die Erfahrung gewinnen, dass Freiheit geschaffen werden kann und zwar durch den Erhalt des Vollbesitzes der Kräfte vermittels der übergebenen Lehren.

Vielen Menschen ist ein unruhiger Blick eigen. Sie können das ruhige Betrachten einer Sache nicht durchführen. Um eine solche Beeinträchtigung zu beheben, muss eine Blickschulung vorgenommen werden. Bediene dich zu diesem Zwecke eines Spiegels, allgemeiner Art, und wähle als Anschauungspunkt die Gegend der Nasenwurzel zwischen den Augenbrauen und sieh solange dahin, als du es aushalten kannst. Anfangs werden sich Ermüdungen einstellen, neben dem Tränen der Augen. Steigere dann nicht ins Ungemessene, sondern brich ab und setze die Übungen später fort. Im Laufe der Zeit wird der Blick an Schärfe und Kraft zunehmen.

Dem Studierenden der alten Wissenschaften brauche ich keine Ernährungsvorschriften anzugeben, an Nahrung ist nicht mehr als nötig aufzunehmen. Der Ausbau des Wohlbefindens und die Erhaltung der Arbeitskraft ist Grundsatz.

Auch die Genussmittel verrichten ihren Zweck und hierbei wird es sich im besonderen zeigen, ob der Suchende Herr oder Sklave seines Leibes ist.

Nach dieser äußeren Aufbauarbeit setzt nun die innere geistige ein.

Das Stammeszugehörigkeitsgefühl, die Betonung der Nationalität, das Herausstreichen des Klassenbewusstseins sind Brücken, die nicht zur geistigen Freiheit führen können. Wir sind Glieder eines Planeten und unterscheiden, uns dadurch, dass wir mehrere Nationen mit vielen Konfessionen bilden. Den wahren Glauben beginnt die universelle Hermetik zu verkünden. Sobald die geistigen Reformen überall Eingang gefunden haben werden, wird die Zeit anbrechen, in der es nur noch ein Vaterland, eine Gemeinde und einen Weltherrscher geben wird, den wahren Herrn zu loben.

Alles, was Sitte und Moral lehren, ist nun daraufhin zu prüfen, welche Zustände von dem „Anderen" eingegeben worden sind. Die Hermetik gibt seine Anschauung uns aber eindeutig bekannt. Anlehnung bedarf es darum nicht. Die Gesetze, die besonders die Liebes- und Ehefragen der Jetztzeit zu lösen versuchen, bedürfen eingehend der Erörterung. Es kommt nicht auf die Verbindungen an, die nach außen den Schein des Rechts bewahren, aber nach einem Augenblick auseinander zu springen drohen. Stellt die als heilig gepriesene Eheverbindung in ihrer weiteren Entwicklung eine Fessel dar, so kann dieselbe nur schwer gelöst werden. Da aber in der Zeit der Weltbesessenheit nur die wenigsten Eheverbindungen halten können, was zwar versprochen sein möge, so werden sich viele Menschen gegen jede Verbindung auflehnen. Nur die wahre Bruder- und Schwesterseele wird dem ihr zugehörigen Teile volles Verständnis entgegenbringen können. Betrachte darum der vielen Freigebliebenen nicht als Sünde, wenn eine Vereinigung ohne dauernde Verpflichtung eingegangen wird. Ungünstig sich auswirkende Fälle bleiben stets als die Schuld des „Anderen" bestehen, der für die Zerstörung beauftragt wurde. Erst im goldenen Zeitalter wird die große verbindende Liebe den wahren Segen erhalten.

Die Menschen geben im Götterkampf nur die Figuren des Schachbrettes ab. Sie werden oft in heftiger Weise hinüber und herüber geschickt. Der rechtmäßige Herr der Welt bleibt dauernd bemüht, seinen Getreuen den besten Teil zu retten. Wenn du dich mit Erfolg dem Studium des magischen Denkens unterziehen willst, dann muss die Überzeugung von der Wahrheit der Hermetik vorhanden sein. Entferne alles aus deiner Erinnerung, was nicht wert ist zu behalten.

Sei kein launischer schwatzhafter Mensch. Präge die Forderung ein: „Schweige und handle". Durch Befolgung dieses Schweigegebotes sammelst du dir Kräfte. Dieselben können bei allem Handeln wirkungsvoll angewendet werden. Nicht ratsam ist es, über ein Vorhaben zu sprechen. Die Meinung der vielen Anderen zu wissen, ist gar nicht nötig. Mannigfache Abweichungen der Ansichten schaffen nur Verwirrungen. Der Zweifel ist der Zaungast der Kritik, vergibt hier seinen hemmenden Einfluss. Die Abtrünnigen spannen ja darauf, eine Gelegenheit zu finden, Irrende in ihre Netze zu ziehen. Bei begangenen Fehlern suche die Ursache in Dir. Übe scharfe Zensur, ohne jemand anders um die richtige Entscheidung zu befragen. Weihe keinen Fremden in deine persönlichen Angelegenheiten ein. Da schadest du dir dadurch nur in deiner Entwicklung. Nimm dir in jedem Falle ein Ziel vor und strebe demselben unaufhaltsam zu. Ist dasselbe erreicht, kommt ein höheres dir näher. Sei bei deinen ernsten Suchen nicht wie jene, die bald hier bald dorthin springen und alles prüfen, anstatt an einer Stelle den Bedarf zu befriedigen. Der Fehler der Zerrissenheit entstammt der Launenhaftigkeit. Erlebst du Fehlschläge, so sinke nicht kraftlos zusammen. Vor allem verwünsche nicht das, womit der Plan anfangs gelingen sollte. Ergründe die Fehlerquellen in dir. Mit zunehmender Reife wird sich die Entwicklung ständig höher entfalten. Der Tor verdammt sein Messer, wenn er sich aus Ungeschicklichkeit schneidet. Gerade die Fehler sollten den besten Ansporn liefern, bestehende Hindernisse zu überwinden. Noch nie ist ein

Meister vom Himmel gefallen.

Alle Herrscher mussten im Dienen ihre Führereigenschaften zum Ausdruck bringen. Wer herrschen will, muss dienen. Aus diesem Grunde ist zuerst an sich selbst der Dienst zu vollziehen und der Ausbau der Persönlichkeit vorzunehmen. Jegliche Schulung kann ohne Lehrgeld nicht gegeben werden. Energie und Ausdauer verdienen angewöhnt und beibehalten zu werden.

Die Denkformel: „Meine magische Kraft ist täglich stärker", wird täglich angewendet.

Das Tragen der magischen Stirnbinde während des Schlafes zur Konzentration der unsichtbaren Kräfte auf sich selbst beweist die vorteilhafte Verwendung, wie Niederschriften über die Praktik darum zeigen. Der Nutzen dürfte sich erst nach und nach einstellen.

Sei darum nicht ungeduldig. Der wachsende Erfolg darf durch solche Betrachtungen nicht unwirksam gemacht werden. Alle Ungeduld bedeutet Schwäche. Dieselbe muss aber überwunden werden. Alles hat seine Zeit. Die sichtbare Welt ist ebenfalls nicht im Augenblick entstanden. Der Mensch muss die Zeit des Werdens abwarten. Eine Verkürzung kann nicht eintreten. In der Natur haben Ausnahmen keine Gültigkeit. Zum Lernen brauchst du Kraft. Oft dürfte darüber Unklarheit herrschen, wodurch die Kraft ständig erneuert wird. Das Luftmeer ist das Gefäß der betreffenden Handlung, um sich für die Aufnahme dieser Kraft bereit zu machen.

Zur Anwendung kommt die magnetische Übung: Erforderlich ist die magische Stirnbinde. Nachdem du deine Körperpflege beendet und der Gottheit den Tribut gezollt hast, stelle dich unbekleidet, nach Westen blickend mit erhobenen Armen, ausgebreitet bleibe in dieser Haltung stehen, bis die Arme ermüden. Die inneren Handflächen sind nach vorne, also nach Westen gerichtet. Nach kurzer Zeit wirst du ein prickelndes Gefühl in den Händen verspüren, welches dem Arm entlang nachdem Herzen zu läuft. Sobald die Arme ermüden, brich ab, behalte sie aber bis auf weiteres bei, um eine Ansammlung der Kräfte zu ermöglichen. Durch diese Handlung wird die verborgene Kraft der Energie des Ätherstoffes aufgesogen. Magnetismus ist der andere Name hierfür. Die Energie zeigt sich in drei verschiedenen Kraftstärken. Sie kommt in der Wärme im Magnetismus und in der Elektrizität zum Ausdruck. Wärme verspüren wir allenthalben, Magnetismus wird durch Übung fühlbar, Elektrizität aber setzt den damit Arbeitenden in der Auswirkung einen regelrechten Widerstand entgegen. Als ruhend, beweglich und fließend sind die drei

Strömungen von mir schon bezeichnet worden. Da es nun 7 Kräfte (Ströme) gibt, die sich verschieden äußern, so müssen wir dieselben genau kennen lernen, um sie zu unterscheiden. Durch Gedankeneinstellung wird die Umwandlung der beweglichen in fließende Kraft bewirkt. Eine solche Umformung zeitigt oft überraschende Resultate. Ist es versäumt worden, die Kleidung mit allen Metallenen Gegenständen abzulegen, so wird diese Kraft direkt physisch, und magnetische Taschenuhren haben damit ihren Wert verloren. Kein Uhrmachermeister dürfte imstande sein die Verklemmung der Räder zu beheben, welche durch die Stromwirkungen hervorgerufen wird. Bisher glückte es noch keinem Forscher, mittels einer technischen Vorrichtung die Elektrizität der Luft aufzusaugen, um sie speziell irdischen Zwecken dienstbar zu machen. Die maschinenmäßig erzeugte Elektrizität ist eine Abart. Der Wissenschaftler kann nicht erklären, was die Kraft eigentlich befähigt, die großartigen Leistungen auszuführen. Es bestehen Organisationen (FOGC), in denen die Verwendung von Stromenergien gelehrt wird, die Beeinflussung auslösen, um den gewünschten Abschluss einer Sache zu erzielen. Jeder Mensch bildet einen Umformer dieser Kräfte. Durch seine Denkkraft wird er ein Sender. Das menschliche Gehirn ist so beschaffen, damit es auch fremde Ausstrahlungen wahrnehmen kann. Auf diese Art und Weise kommt eine Verständigung unter Gleichgesinnten zustande. Entfernungen spielen dabei keine Rolle. Tiefsinnig heißt es: Die Gedanken sind frei. Das Unglaubliche wird dem Lernenden bald klar werden. Zwischen Himmel und Erde gibt es noch viele Dinge, die der Entdeckung harren. Das ganze Geheimnis der Telepathie liegt in der Vereinbarung des Anrufens. Ein Verstehen des freigehaltenen Gehirns wird sich dann ergeben. Strömungen können hin und wider entstehen. Die Einstellung auf die bewusste Tätigkeit wird aber auch diese ausschalten. Der zusammengeschlossene Kreis meiner Freunde pflegt solchen Problemen nachzugehen, die praktische Seite zu erproben. In den 1. Jahren der Versuche benutzten wir als Kennzeichen und Anhaltspunkt eine blaugefärbte Kristallkugel. Das Mittel erwies sich aber für den Einzelnen als zu schwer. Heute bedienen wir uns eines zusammengesetzten Spiegels und einer Planetenplatte. Das verborgene Wissen um diese Gedankenübertragung bezeichnet man als Mentalismus. Den Einzelnen nützt es wenig, nur eingetragenes Mitglied einer großen Bewegung zu sein, deren Schriften zu lesen, und sich im übrigen der naiven Anschauung hinzugeben, die magischen Kräfte der Gesellschaft würden nun das ihre tun, dem fast Teilnahmslosen zu einem ruhigen Leben zu verhelfen.

Die magische Wissenschaft ist nicht im Kursus zu erlernen und eine kurze Arbeitsweise macht nicht bereit zur Verwendung. Von Grund auf muss die Arbeit geleistet werden. Dabei ist natürlich zu beachten, dass ein zu rasches Üben ebenfalls Nachteile bringt, wie ein übereiliges Handeln. Jenes beginnt in der Mitte, dieses am Ende der einführenden Arbeiten. Zu den vorbereitenden Grundübungen gesellt sich dann später das geschulte Denken. Fast jeder wird nun meinen, er könne richtig denken. Bei dieser Denkschulung handelt es sich jedoch nicht um spielerische Dressuren, sondern um das Gebiet der Magie, um das magische Denken, bei dem es darauf ankommt, den eigenen Willen zur Tat umzuformen und durch plastisches Denken die Tat zu vollbringen. Bei vielen versagt hier der entscheidende Wille, wodurch der ganze Denkprozess hinfällig wird. Um das magische Denken richtig aufzunehmen, ist es erforderlich, eine Denkruhe, eine Ruhe des erregten Gehirns herzustellen. Der Wert muss darauf gelegt werden, Herr der eigenen Gedanken zu bleiben. Dies dürfte eine schwierige Aufgabe für den sein, der im beruflichen Lebenskampfe steht und hart arbeiten muss. Trotzdem müssen diese Schwierigkeiten überwunden werden. Ich halte es deshalb für ratsam, einen bestimmten Gedanken als Formel immer wieder zwischen das Chaos der Gedankenfülle, etwa das Wort „Kraft", zu werfen, um die sich ständig meldenden neuen Vorstellungen in die bestimmte Richtung zu bringen. Nachdem das Wort „Kraft" in das Denken übergegangen ist, wird der Wert desselben erkannt.

11. Vorstellung und Wille.

Der Titel bezeichnet zwei verschiedene Tätigkeiten, die aber miteinander eng verbunden sind. Zur Vorstellung braucht man den Willen und den Willen zur Vorstellung. Das magische Denken heißt auch noch das verborgene Denken, und das plastische Denken verbindet mit der Vorstellung. Um eine Vorstellung zu ermöglichen, bedarf es eines Stichwortes, das die Sache oder das Ding bezeichnet. Nennen wir das Wort Apfel, so bildet sich anschließend an die Vorstellung dieser Frucht auch die Vorstellung des Apfelbaumes. Schließlich machen sich auch Erweiterungen bemerkbar, die auf verschiedene Sorten hinzielen usw. Hier handelt es sich jedoch nicht um die richtige Vorstellung des plastischen Denkens. Beim plastischen Denken muss der Gegenstand durch den Willen, Form, Farbe und Leben erhalten. Erst dann ist die richtige Vorstellung des plastischen Denkens durchgeführt. Betrachten wir unsren Willen. Er umschließt etwas Hehres und darum werden die Meinungen gerne zum Ausdruck gebracht, einen starken Willen als Eigentum in den Vordergrund der Selbstachtung zu stellen. Eine kleine Probe wird leicht eventuell vom Gegenteil überzeugen. Wir bedienen uns zu diesem Zwecke des siderischen Pendels. An einem Gestell wird der Pendel freischwebend aufgehängt und abgewartet, bis er in seine natürliche Ruhelage zurückgekehrt ist. In der Entfernung von einem Meter setzen sich die Prüflinge einzeln und befehlen nacheinander, durch die Willenskraft der Gedanken den Pendel kreisen zu lassen. Anfangs wird es nicht möglich sein, den Pendel in Schwingungen zu versetzen, nach mehrmaligen Wiederholung desselben Experiments genügt es dann, zunächst kleine Kreise zu erzwingen, der bald darauf immer schneller umschrieben wird, zuletzt genügt ein kurzer Gedankenbefehl und der Pendel wird die gewünschten Kreise schlagen. An einem Tage ist diese Fertigkeit nicht zu erzielen. Eine andere Willensprobe besteht darin, zwei vermeintlich Willensstarke gegeneinander zu prüfen. Das geschieht in der Weise, dass die Partner sich einen Meter vom Pendel entfernt gegenübersetzen und nun beeinflusst der eine, das Pendel zu schwingen, der andere dagegen will die Ruhelage erhalten. Hier entsteht eine Kraftprobe besonderer Art, da es bei dem einen nicht darauf ankommt, das Pendel in Schwingungen zu versetzen, sondern die Ruhelage zu erhalten bzw. die Kraft des Gegners zu neutralisieren. Solche Versuche dürften genügen, um den Beweis von Willensstärke zu erbringen.

Sorgsame Pflege ist dem schwach entwickelten Willen angedeihen zu lassen. Die so oft beschriebenen Übungen, wie das Heben von Streichhölzern, das Fortbewegen eines Quadratzentimeters Papier, scheinen etwas überspannt. Sie bleiben denen vorbehalten, die des plastischen Denkens fähig sind. Grobstoffliche Teile sind im allgemeinen schwerer zu dirigieren als lebende Formen. Der Wille ist doch die Ausstrahlung der in konzentrierte Form gebrachten Gedankenwellen. Deshalb sind Wesen und Formen, da diese einen Funken vom Urleben in sich tragen, leichter zu beherrschen. „Ich will", das sind Schöpferworte, denen nur das „Es werde" angehängt zu werden braucht, um das Erreichen zu garantieren, wenn wir einen geschulten Willen und eine richtige Vorstellung von dem Gewollten besitzen. Einen toten Körper können wir im rhythmischen Gleichklang mit dem Willen des Schicksals noch nach dem Verscheiden wiederbeleben, die Wirkung lässt sich nach dem Willen des Magiers auch noch ausdehnen.

Die Schulung des eigenen Willens muss in der Anwendung ständig ausgebaut werden. Die Konzentrierung der Gedanken auf eine Sache, gewissermaßen auf einen Punkt hinzuleiten, erfordert genaue Beobachtung. Wenn die überlegende Einstellung mit allen Fasern des Körpers einsetzt, wird sich der Erfolg bemerkbar machen. So manchen Fehlschlag und sonstige Hindernisse gibt es zu überwinden. Die oft zutage tretende Erscheinung, dass mit dem Erreichen des Nullpunktes, die ein vollständiges Versagen, aber im letzten Augenblick den Vorteil bringt, ist wohl zu beachten. Der Körper pflegt dann zuerst zu revoltieren und lehnt sich mit Macht gegen die großen Spannungen auf, das ungewohnte Arbeiten mit dem Umwandeln der Energien wird ihm lästig. Zu Zeiten stellt sich das Gefühl ein, als ob tausend Insekten den Körper peinigten. Dadurch werden an die Spannkraft hohe Anforderungen gestellt. Die Überwindung dieser Körperrevolte beschließt die Opferung des Leibes. Die ägyptischen Priesterschulen erwähnen dieselbe schon in den Mysterien der Kultstätten. Die Oberkontrolle über die Opferung des Leibes muss durch Eingeweihte vorgenommen werden, um eine Schädigung des Körpers auszuschließen.

Dem Willen liegt das Zusammenfassen aller Gedankenwellen zu Grunde. Das dazu erforderliche Kraftmaß erzielen wir durch die Umformung der Weltenergien, welche wir durch die geschulte Vorstellung aus der uns umgebenden Luft entnahmen. Befinden wir uns nämlich im Dunkeln und schließen dort plötzlich die Augenlider, so ziehen vor uns viele Funken und Sterne vorüber. Das sind jene Elektronen oder Energiebestandteile, die uns überall umgeben. Durch Einstellung der Gedanken auf diese ziehen sie sich zusammen und bilden Sterne, Kugeln und Wellen. Letztere werden mit Recht die Ätherwellen genannt. Die Aufnahmeflächen dieser Elektronen bilden im menschlichen Körper die inneren Handflächen, die Zirbeldrüse, das Sonnengeflecht und das Geschlechtsorgan. Das Sonnengeflecht steht in engster Verbindung mit dem Nabel. Diese Stelle ist aber auch die Ausströmung. Ein Geschulter würde neben einem mit der Aufnahmehandlung beschäftigten, an den angegebenen Stellen flackernde, hellblaue Flammen leuchten sehen. Das Geschlechtsorgan reagiert am schnellsten auf die einströmenden Elektronen, was im Wohlgefühl zum Ausdruck kommt, ohne dass erotische Gedanken auftauchen. Die Zirbeldrüse ist neben beiden Händen die hauptsächlichste Sendestelle. Wäre der aufgesogene Kraftstrom an den verschiedenen Körperstellen zu messen, so würde sich ergeben, dass durch den Eintritt desselben in den Körper positiver und negativer Strom entsteht, die Umwandlung findet sofort statt. Mit Hilfe der gedanklichen Vorstellung kann nun der Einzelne mehr von der einzelnen Stromart aufspeichern oder durch die Umwandlung in sich erzeugen. Den Lebensstrom selbst können wir vollkommen selbständig in uns erzeugen, wenn wir dazu den unsichtbaren Leib und das Schöpferwort gebrauchen. Aber ein schlecht vorbereiteter Versuch würde das Zerspringen der irdischen Hülle im Gefolge haben und das Erdendasein fände ein gewaltsames Ende.

Die Schulung der Vorstellungskraft führt in das magische Gebiet der Suggestion. Zuerst kommt die Autosuggestion, die Selbstbeeinflussung in Frage, später folgt dann die eigentliche Suggestion, die Beeinflussungen. Das ganze Gebiet ist in Unterteile zerlegt. So gibt es die Wort- und Schriftbeeinflussung der Massen durch die Tat. Sie sind in ihrer Folge nichts anderes als die Wirkung der Persönlichkeit. Beginnen und sich immer selbst als Versuchsperson betrachten und erst dann, wenn die Erfolge befriedigen, weitere Personen in Kenntnis setzen. Ein Beispiel der Selbstbeeinflussung ist in der Gewohnheit zu sehen, die für den nächsten Tag bestimmte Zeit des Erwachens kurz vor dem Einschlafen mit des Fußes großer Zehe an den Bettpfosten anzuschlagen. Das Resultat, es gibt niemals ein Verschlafen der Zeit. Dem gleichen Zweck dient auch bei geschlossenen Augen das Zifferblatt der Uhr sich vorzustellen und in Gedanken mit Hilfe der Vorstellung den Zeiger auf die Stunde des gewünschten Erwachens zu rücken. Sobald dieses Bild hart genug geprägt erscheint, genügt ein kurzer Befehl: In dieser Stunde wache ich auf, und wenn du im tiefsten Schlummer liegen würdest, zur eingeprägten Zeit geht ein plötzliches Zucken durch den Körper. Du wachst auf, und erblickst die Uhr, die die vorbestimmte Stunde zeigt. Solche und ähnliche Fälle wären doch wert, allenthalben verwendet zu werden. Von den Spöttern ist mindestens eine Prüfung zu verlangen. Diese Willensschulung wird die Vorstellungskraft verstärken.

Es ist durchaus nicht angebracht, irgendwelche überlieferte Erscheinungszustände als wahr hinzunehmen, nur zu leicht werden Phantome durch die Phantasie erschaffen, die dann als Hemmungen in den Weg treten. Die Phantasie bezeichnet die Gedankenspiegelung, Schein- oder Nebelbilder, die schemenhaft an unseren Augen vorübergleiten. Bild auf Bild entrollt sich hier, Gestalten an Gestalten reihen sich an, und wie Nebelschwaden wogt das ganze Phantome, aber sind Schattengestalten, immer wiederkehrend, uns verfolgend in andauernder Begleitung. Die zum Phantom verdichtete Phantasie bezeichnet auch solche Schattengestalten, die wir selbst erzeugt haben und die dadurch am Leben erhalten bleiben, weil sie unseren Gesichtskreis nicht verlassen. Sie sind Täuschungen des einseitigen Denkens, Fahrlässigkeiten im Handeln tragen auch ihren Teil dazu bei; ein Phantom kann sich sehr leicht zum Dämon entwickeln, der sich von unserem Matrium (Lebenskraft) nährt und sich gleich einer Schmarotzerpflanze an uns klammert. Die dämonische Bindung kann leicht eintreten, wenn versucht wird, die Charaktere der Schatten mit beliebig erdachten Formen zu bannen. Nur Unkenntnis kann dahin führen. Jedes Ereignis und alle Erscheinungen, die sich uns aufdringen, müssen auf ihren Echtheitsgehalt geprüft werden. Die Phantasie ist darum von wilden Gedanken frei zu halten.

Hierher gehört auch das Spielen jeglicher Zukunftsmusik. Es ist nicht gut, das Fell des Bären vor seinem Fang zu verteilen. Alle magischen Handlungen, bei denen der Schwerpunkt auf den Reden liegt, die gesprochen werden müssen, um überhaupt eine Wirkung zu erzielen, sind abzulehnen. Das Strohfeuer der Begeisterung wird verlöschen, und die Begeisterten werden kraft- und mutlos zusammensinken. Es bleiben wenige der Menschen, die die Magie beherrschen lernen. Viele und alle Autoren über das bezeichnete Gebiet zu lesen, nützt nichts. Der wahre Glaube und die rechte Erkenntnis geben als Anleitung zur Praktik die besten Stützen ab. Wer aus persönlichem Stolz auf eigene Vorzüge sich nicht unterordnen oder einfügen kann, wird besser tun sich nicht dem Studium zu widmen, sondern möglichst unbeschwert seine Bahn zu vollenden. Mit einer teilweisen Kenntnis wird nur die Schar der Besessenen vergrößert und eine zum Phantom gewordene Phantasie richtet den Betreffenden nur zu bald zu Grunde. Jene abfällig urteilenden Kritiker leiden am Wahn der Größe. Sie sind von ihrer eigenen Unfehlbarkeit ihrer gelehrsamen Anschauung überzeugt. Dadurch hemmen sie sich selbst in ihrer geistigen Entwicklung und verfallen dem Götzendienst. Verschiedene möchten etwas erreichen, aber sie fürchten davor, es wirklich zu tun. Übungen sind ihnen verhasste Begleiter und doch verstehen sie kaum einen richtigen Atemzug auszuführen. Wollen wir unsere fortschreitende Kenntnis in dem Wissen dieser Gebiete richtig aufbauen, dann darf der Grund nicht sandig sein. Der fest fundierte vierpolige Grund gibt Gewähr dafür, den folgerichtigen Weg zur Höhe zu finden. Alle irrigen Vorstellungen müssen beseitigt und was zum Gedeihen gehört, soll gereinigt aufgenommen werden. Nie darf man sich gehen lassen. Geboten scheint darauf hinzuweisen, den bisher geübten Gang des Schlenderns in eine bewusste, feste Haltung zu bringen. Der

eigene Wille, die Durchführbarkeit des Wollens werde hart, und wenn es noch so schwer fällt gegen bestehende Schwächen anzugehen. Vielerlei Arten der hemmenden Hindernisse stellen sich in den Weg. Am meisten wird der Widerstand von den Verwandten der Lebensgemeinschaft und aus dem Kreis der Freunde sich anlassen. Falls in Freundschaftssachen die Meinungen über das richtige Leben auseinander gehen, so mute dir zu, fest zu bleiben, die Kraft des Willens zur Harmonie unter magischer Einstellung zu erproben. Die rechten Freunde werden geistesverwandt sein, und dann deine Einstellung verstehen. Der eigene Wille müsste gegebenenfalls Eisen brechen, einem Feuerstrahl vergleichbar, der alles verbrennt, was in seinem Wege liegt. Um die Festigung des Willens zu erleichtern, gehört nicht nur ein Vornehmen dazu, sondern das sich Durchsetzen schon im täglichen Leben, wie das Tagesziel erreicht wird, und ob dieses oder jenes Mittel recht wäre den Weg gangbar zu machen. Der große Wert liegt darin begründet, das überlegte festgesetzte Einzelziel auf alle Fälle zu erreichen, um dem Größeren näher zu kommen. Zugeständnisse vertragen sich nicht mit dem Stolz des Selbstbewusstseins. Den Kopf kann der freie Mensch unbekümmert hoch halten. Ist die Sendung anfangs in einem geringeren Berufe zu erfüllen, so muss sie auch ausgeführt werden. Der Geist ist es, der den weiteren Weg ebnen wird. Du brauchst dich vor keinem Menschen zu beugen. Gerade hier musst du den Männerstolz vor Königsthronen zur Geltung bringen, wenn du auch keine Reichtümer dein eigen nennst, der Wert eines jeden liegt in seiner geistigen Verfassung, nicht in seinem Besitztum. Wegen sich einstellender Schwierigkeiten werde nicht mutlos. Jede Behinderung dient zum Ausbau. Die Energie der Dauerhaftigkeit wird oft eine harte Probe bestehen müssen. Übe dich im Schweigen, und sprich nicht über Angelegenheiten, die sich in Vorbereitung befinden. Schweigend handeln, heißt die große Kunst der magischen Praktik. Ein Schwätzer wird nie ein Wissender, geschweige denn ein Eingeweihter werden.
Es ist mir zur Gewissheit geworden, dass im fernen Land, unnahbar den meisten Schritten, das „Haus des Lichtes", Shamballa, gelegen ist. Von dort aus erfolgt die Vorbereitung der Geheimlehren, den Menschen des gegenwärtigen Äons zu helfen, das schwere Schicksal, welches von dem „Anderen" noch verschärft wird, zu mildern. Der überzeugende Glaube muss unerschütterlich gefestigt, unbeeinflussbar sich erzeigen. Alle Zweifler, die von der Rechtmäßigkeit der Hermetik sich nicht überzeugen lassen, muss man aus dem Kreise gehen lassen. Die Unbelehrbaren sind damit dem „Anderen", dem Schicksal, zurückgegeben worden. Der wahre

Glaube muss rein sein, und wer sich nicht freiwillig dieser Überlegung unterwerfen kann, ist kein Hermetiker. Er wird abgelehnt und ihn damit sich selbst überlassen. Die Bewegung gründet sich auf die Geheimlehren. Eine persönliche Gewinnabsicht liegt dem Ganzen fern, denn die Belohnung des Einzelnen ergibt sich aus der erfüllten Pflicht. Die Reinheit des Herzens, der Sinne und des Handelns wird verlangt. Die Eigenschaft muss dagegen auch gewährleistet sein. Den Mitmenschen gilt es ja zu dienen, das empfangene Wissen umzuwerten. Jeder Einzelne bildet ein Glied der Kette, welche das Ganze zusammenhält.

Keiner der Erdenmenschen soll dich in deinem Wollen beeinflussen. „Es gibt nichts in der Welt, was gegen meinen Willen ist". Diese Worte behalten ihre Bedeutung. Auch die Abtrünnigen müssen erst einen Angriffspunkt haben, ehe sie dich bezwingen können. Die Menschen werden dich nicht schädigen, wenn du es willst. Werde darum in deinem Schaffen nicht lau und schwächer. Sei immer auf dem Posten und handle nach dem Gesetz des Urgeschehens. Beachte die vorgeschriebene Bahn des Schicksals und du wirst im Streite Sieger bleiben.

12. Schulung zum magischen Denken.

Den Kernpunkt bildet das magische Denken. Nachdem du deine Gedanken und das Denken überhaupt in eine gewisse Reinheit gebracht haben wirst, indem du daraus entfernst, was nicht hineingehörte, beginne deine Denkweise nach den hermetischen Gesetzen umzuschalten. Der Denkprozess selbst stellt die praktische Verwendung der gesammelten magischen Befehle dar. Verbunden mit der plastischen Vorstellung durch die Persönlichkeit wird die Wirkung erschaffen. Magisch denken heißt plastische Formen der Gedanken zu bilden und diese zu beleben, ein Schöpfer im Kleinen zu sein. Zur Verwirklichung sind verschieden lange Zeiten nötig. Bestimmt ist mehr als ein Arbeitstag darauf zu verwenden, die Richtigkeit der Angebote nachzuprüfen. Mit den Jahren stellt sich die Reife in der Sache ein. Es genügt nicht, dem Namen nach Hermetiker zu sein, sondern die Fähigkeiten werden dadurch erlangt, als Hermetiker zu leben. Du musst deinen Vorstellungsbildern bei der Behandlung Leben zuteil werden lassen. Die Kraft ist vorhanden, das Bild fortdauernd zu nähren und groß zu ziehen, so dass es Gestalt erhält. Der Wille muss sich zur eigenen schöpferischen Kraft entwickeln, die Wirkungen zu erzeugen. Die Allmacht der Weltseele ist zum Teil auch in dir tätig. Das magische Denken heißt weiterhin, die gewonnene Erkenntnis in die Tat umzuwandeln, sinnlich Wahrnehmbares in reale Formen zu bringen. Der Denkprozess ist mit einer Geburt zu vergleichen, der eine Zeugung vorausgegangen war. Denn aus Nichts kann nichts entstehen. Eine Wirkung muss stets eine Ursache zur Grundlage haben. Das Geschlechtsverhältnis bleibt hier außer Betracht, denn in beiden Teilen ist der schöpferische Gedanke, die erschaffene Kraft vorhanden. Mit deinen Vorhaben musst du dich immer und immer wieder beschäftigen. Du bist in deinem Körper selbst die Eins, in der sich die sieben Strahlen der umgehenden Kräfte brechen.

Es ist notwendig, den organischen Vorgängen, und den Einrichtungen unseres Körpers näheres Interesse entgegenzubringen, um einen kleinen Einblick zu erhalten. Der Denkprozess setzt im engeren Sinne fünf wichtige Nervenzentren voraus, von denen der Mensch gewöhnlich nicht nur sehr wenig erfährt, dieselben werden bezeichnet mit Groß- und Kleingehirn, die Zirbelpartie, die Saugnervenzentren der Schläfen und die Strahlungsfläche der Stirnhaut. Außer diesen Stellen finden wir am Körper sogenannte Nebenstellen, die ebenfalls Saug- und Strahlungsflächen darstellen. Beim Manne sind dies die inneren Handflächen, das Nebenfeld, die Brustwarzen und der Penis. Beim Weibe ebenfalls die inneren Handflächen, die Brüste, Nebenfeld und Vagina. Die Handteller und Brustwarzen und Nebenfelder geben Saugflächen ab. Penis und Vagina sind Strahlungsflächen. Groß- und Kleinhirn mit der Fläche der Zirbeldrüse bezeichnen die Sammelstellen, Brennspiegel der Umformungsstellen aller aufgesogenen Strahlungskräfte. Die Nervennetze der Schläfen sind die Saugpunkte am Kopfe und die Haut dient als Sendefläche. Wahrscheinlich herrscht die Meinung vor, dass wir mit dem Hirn denken. Dieses denkt aber überhaupt nicht selbständig. Es kann nur das Aufgesogene sammeln und umformen, je nach dem Willen des herrschenden Geistes. Der Denkprozess selbst ist eine reine geistige Angelegenheit und kein Organ der Hülle des Körpers kann diese Handlung erzeugen. Den Körper haben wir als eine wunderbare Maschine und doch als vergängliche, grobstoffliche Substanz zu betrachten. Das Grobstoffliche kann nur das gleiche Element hervorbringen. Das Leben und alle feinstofflichen Funktionen sind unabhängig vom Körper. Nach einem inspirierten Werke wird das Gehirn des Menschen als eine Anzahl von Pyramiden geschildert, deren Seitenflächen Tafeln bilden, welche von den davorstehenden Obelisken beschrieben werden, wodurch das Gehirn als Sammelstelle erklärt ist. Die Sinne der physischen Körper, Gesicht, Gehör, Geschmack, Gefühl, Geruch, lassen wir außer Acht und befassen uns mit dem 6. Sinn des Denkens. Der 6. Sinn ist ein speziell geistiges Produkt des eigentlichen Geistkörpers. Es könnte wohl die Frage aufsteigen, wo wohl der Sitz im Blut- und Nervenstoff sich befindet, was den 6. Sinn ausmachen soll. Im Astralkörper sind die Teile und Organe aber immer vorhanden, wenn auch der sichtbare irdische Körper verunstaltet wurde. Hierher gehört die Klage der Amputierten, welche über Gliedschmerzen berichten an Teilen, die gar nicht mehr vorhanden sind. Der Erdenkörper ist dem Astralkörper nachgebildet. Verwundern braucht darum nicht, wenn uns Gestalten begegnen, deren vergilbte Gemälde in irgendeinem Museum am Verstauben sind. Das Bildnis scheint lebendig geworden, obgleich nur der Astralkörper sich auf Wanderschaft befindet. In das Erdenleben kehren wir immer wieder zurück, nur sind die uns umgehenden Verhältnisse und die Erdenkörper stets anders. Der Geistkörper aber bleibt sich gleich, da er von demselben Stoff gefertigt ist, wie alle Unsichtbaren. Das Denken ist damit eine rein geistige Angelegenheit des Astralkörpers. Wo sind die Gedanken? Die Gedanken gleichen den Wellen der Kraftfunken, welche durch die Saugflächen aus den uns umgebenden Energien aufgesogen und von den Sammelorganen aufgespeichert worden sind, um dann zu einer geeigneten Zeit als eine bestimmte Ordnungsform ausgestrahlt, ausgestoßen zu werden. Das Denken ist uns unmöglich, wenn die Sammelorgane leer sind. Das richtig intensive Denken bleibt auch dann vorbehalten, falls die Sammelorgane mit wertlosen Elektronen überladen werden. Letzteres tritt besonders ein, wenn die Seelenschwängerung durch die Besessenheit besteht. Seelenschwängerung ist vorhanden, wenn sich außer dem herrschenden Geiste noch weitere Seelen eingebürgert haben. Solche Gäste können Abgeschiedene, sogenannte Schlafwandler sein oder auch ungeborene Unsichtbare der untersten Entwicklungsstufe, die auf diese Art einer direkten Inkarnation aus dem Wege gehen. Der Zustand stellt sich nur als zeitweilig ein, in vielen Fällen bildet er aber einen dauernden Hinderungsgrund. Die Besessenheit besteht solange, bis der eigentliche Herr des Erdenkleides wieder zur Macht kommt, sonst zeitigt erst der Tod die reinliche Scheidung. Die Gedanken sind formvollendete Kraftfunken. Von uns wird darum die Reinigung der Sammelorgane verlangt, um eine Beeinflussung unmöglich zu machen. Das Großhirn ist die Sammelstelle für die Sinnenwerkzeuge. Das Kleinhirn stellt die Zentrale für das Blut- und Nervensystem dar. Die Geschlechtsorgane mit ihren vielfachen Nebenstellen gehören auch dazu. Die Zirbelpartie ist die Sammelstelle der Saug- als auch der Strahlungsflächen. Ein begrifflicher Unterschied muss aber eingeschaltet werden. Sinnliche Erregung, welche durch die Aufnahmen von Strahlen aus anderen geschlechtlichen Körpern aufgenommen wurden, sammelt sich in der Zirbelpartie. Die Abgabe des Spermas und der Ovarien, geschieht vom Kleinhirn aus, als der Sammelstelle für stoffliche Ausscheidungen. Die Zirbelfläche, fälschlich Zirbeldrüse genannt ist also die Bindungsstelle des Geistkörpers mit dem Fleischkörper. Sie ist wichtiger als das Nabelfeld, welches den Namen Sonnengeflecht führt. Die Austrittsstelle des Astralkörpers beim Wandern liegt hier. Die Knochen an den Schläfenstellen des Kopfes sind sehr dünnwandig. Darunter liegen die Nervennetze der Saugflächen. Infolge unserer Kultur werden die anderen Saugflächen unseres Körpers meist mit fast undurchlässigen Kleidungsstücken bedeckt und es tritt zeitweilige Verkümmerung ein, worunter der ganze Organismus leidet. Die Schläfenpartien werden dann immer empfindsamer, um die Elektronen aufnehmen zu können. Wollen wir uns aber kräftigen und vervollkommen, so müssen wir unseren Körper möglichst viel mit allen seinen Organen entblößt der Einwirkung des Lichtes und der Energien aussetzen. Der 6. Sinn hat davon den meisten nutzen, die Steigerung zu erwarten. Die Stirn bildet eine besondere Strahlungsfläche. Haben wir die in Form gebrachten Strahlungsfunken ausgestrahlt, ein Vorgang, der dem Menschen nur im Hellgesichte wahrzunehmen ist, er bliebe sonst unbewiesen, dann gleicht die Stirnfläche einer Platte, von welcher nach vorn und nach der Seite größere und kleinere Funken abspringen. Je geschulter der Denker nun ist, umso stärker und anhaltender wird die Strahlung sich zeigen. Die Ausstrahlungsart gibt auch jeweils die Verwendungsstärke der verwendeten Lehren ab. Von Natur aus kann jeder Mensch denken, wenn auch dieses verwirrt auffällt. Wer aber ein Wissender zu werden wünscht, der muss das richtig geordnete Denken erlernen. Es bedeutet den Schlüssel zum magischen Erfolg, und der möchte jedem doch beschieden sein. Zuerst die Reinigung der Sammelorgane. Sie wird verbunden mit dem körperlichen Ruhen unter Ausschaltung der übrigen Sinne. Die Unmöglichkeit, einen Gedanken klar zu erfassen, entsteht, und es erscheint ausgeschlossen, die vorherrschenden Eindrücke zum Verschwinden zu bringen. Das Wort „Kraft" als Konzentration besitzt eine eigenartige Saugwirkung, und es wird eher als andere in dem Gedankenwirrwarr Ruhe schaffen können. Die eindringenden Kraftfunken verstärken dieses Wort und bilden dadurch einen in Form gebrachten Gedanken. Alle Kraft wird zum Sammelorgan übergeleitet bis die vorhandene Kraft in anderer Form wieder ausgesandt und im Nebenorgan, im Nabelfeld und dem Geschlechtsorgan aufgespeichert ist. Jedes beliebige andere Glied des Körpers kann mit dieser Kraft gefüllt werden, wenn diese unter Zuhilfenahme der Vorstellung übertragen wird, wie auch aus beliebigen Stellen die Kraft herausgezogen und umgeleitet, gesammelt werden kann. Unsere inneren Handflächen sind nicht umsonst als Saugflächen ausgebildet. Mit ihnen können wir vorhandene Schmerzen aufsaugen und über- oder ableiten. Über alle die möglichen Übertragungsarten erfolgt die Ausführung in der Praktik.

Geschultes Denken heißt nun, die gesammelten Kraftfunken in eine gewollte Form zu bringen, im Unterschied zum gewöhnlichen Denken, bei welchem die aufgesogenen Kraftfunken in zufällige Formen übertragen werden. Die richtige Weise kann nur durch tägliche systematische Übungen geschehen. Die Tageszeit in der Anwendung ist dabei gleichgültig. Nicht die Körperhaltung, sondern die Vorstellung des Willens gibt dabei den Ausschlag. Als Hilfsmittel ist dabei die magische Stirnbinde bestens zu verwenden. Sie fördert die Übungen außerordentlich. Ein anderes Instrument stellt die Arbeit des Herrn Müh im Konzentrator dar. Er wirkt aber nach innen auf die Zirbeldrüse. Die Stirnbinde dagegen gibt die Kraft vorteilhaft nach außen ab und schafft durch den Saturntalisman eine Ausstrahlung auf breitem Felde. Gerade für den Anfänger tritt durch die Stirn eine zu große Streuung der Strahlen ein. Eine derartige Streuung hat einen zu großen Kräfteverbrauch im Gefolge. Die gesammelten Kräfte werden fast ausnahmslos verbraucht, statt sie zu sammeln und sparsam geformt auszustrahlen. Gedankenformeln sind unmöglich, einmal saugend und dann ausstrahlend, um die gewünschte Wirkung auszulösen. Lange Sprüche ermüden und verwirren. Gefordert wird die Kürze, die alles enthält, was erreicht werden soll. Der einmal gefasste Gedanke muss festgehalten werden und zur Durchführung gebracht, Erfolge zeitigen. Nicht heute dieses und morgen jenes aufstellen. Ein Durcheinander führt den Zusammenbruch herbei. Denken heißt aber auch nicht sprechen. Selbst das Flüstern ist abzulehnen. Beim richtigen Denken muss von jedem gedachten Worte die plastische Vorstellung geprägt werden, als ob die Wirkung erst schwach und dann bei jeder Übung sich steigere, bis sie immer größer werdend dem geistigen Auge erscheint. Ist dieses Stadium erreicht, dann bedarf es nur noch eines energischen Befehls und der Form gebrachte Gedanke verlässt das Gehirn und schafft das gewünschte Resultat. Er tritt dort auf, wohin er gerichtet worden ist. Das Schließen der Augen bei den Übungen ist sehr zu empfehlen. Für den hellsehenden

Menschen besteht die Möglichkeit, die immer größer werdenden Gedankenwellen von der Zirbeldrüse nach der Stirnwand zu branden zu sehen. Wie Meereswellen müssen die geschulten Gedanken dagegen schlagen, den wuchtigen Brandungswellen vergleichbar, die bei Flut immer heftiger gegen die Dünen angehen. Die geformten Gedanken besitzen dann eine durchschlagende Wirkung und reißen alles gegensätzliche nieder, je länger die Ausstrahlung stattfindet, umso stärker werden sie sich beim Auftreffen bemerkbar machen.

13. Anleitung zu magischen Handlungen.

Die magische Praktik ist die Kunst, die geeignete Erkenntnis auch zu materiellen Zwecken zu verwenden. Ich habe in früheren Teilen schon angeführt, dass die magische Praktik eine Folgeerscheinung vertiefter Auffassung einzelner magischer Gebiete ist. Die Entwicklung kann auch hier nur stufenweise geschehen. Um nun einem jeden das richtige Verständnis über das verborgene Wissen zu vermitteln, sehe ich mich veranlasst, zuerst die Ursachen der Handlungen zu erklären. Von den Saug- und Strahlungsflächen des menschlichen Körpers war schon gesprochen worden. Diese Flächen in Zentren und Feldern sind in erster Linie ihrer Bestimmung zuzuführen. Bei den meisten Menschen ist infolge Nichtverwendung derselben eine Verkümmerung eingetreten. Dieser Nachteil muss entfernt werden und nicht zuletzt wird dadurch großer Wert auf die Korrektur der eigenen Persönlichkeit gelegt. Zugleich ist damit auch ein systematisches Einhalten der Grundübungen gegeben. Genauigkeit, Sorgfalt, Ausdauer, Zähigkeit und Beharrlichkeit bilden die Seiten des Pentagramms und jeder Mensch bildet ein solches. Er sollte immer die Einheit erwerben und beizubehalten suchen. Agrippa von Nettesheim schrieb schon in seiner Kabbala darüber, wie in seiner Arbeit „Die Magischen Werke" nachgelesen werden kann.
In der Praktik haben wir die Art der Verteidigungs- oder Angriffsmöglichkeit in Betracht zu ziehen. Jeder magische Angriff richtet sich auf die Kraftfelder (Chakren) des Körpers, denn nur dort kann der Astralkörper getroffen werden. Es ist ein Irrtum, dass durch die Beschädigung eines Bildes von irgendeiner Person dem irdischen Körper ein sichtbarer Schaden zugefügt werden könnte. Das Sichtbarwerden der Verletzung, welche als Verhärtung des Blutes zum Ausdruck kommt, sind bereits Wirkungen der Folgeerscheinungen. Stets wird nur der unsichtbare

Körper, der Astralkörper des Betreffenden in Mitleidenschaft gezogen. Zwei Handlungswege, entweder Kraftentziehung oder Kraftüberfüllung stehen zu Gebote. Für welchen sich der Einzelne entscheidet, bleibt ihm selbst überlassen. Wichtig dürfte es sein, beide Möglichkeiten zu kennen, um in allen Fällen vorbereitet zu sein. Untersuchungen haben ergeben, dass durch die Kraftüberfüllung ein schnellerer Erfolg gezeigt wird als durch die Kraftentziehung. Der Unterarten zu den Handlungen sind es viele, und ich werde eine Reihe derer bekannt geben, die eine Probe bestanden haben.

Bei der Kraftentziehung richtet sich der Angriff zumeist auf die Sammelstellen von Groß- und Kleinhirn, sowie auf die Zirbelpartie. In einigen Fällen auf das Nabelfeld. Direkte Angriffe auf Lunge und Herz scheitern fast immer an der Energie des Betreffenden. Nur bei ganz Unwissenden führt das zur Verschlechterung des Blutes und es treten Verhärtungen der Lungenzellen ein. So lernte ich einen Fall kennen, wobei ein Lungenkranker vermittels des Bildzaubers eine früher sehr nahestehende Person bearbeitete. Hierdurch war eine hochgradige Muskelwassersucht entstanden. Nach Beseitigung der Ursache und mit ausgleichender Kraftzuführung wurde die Betreffende vom Übel befreit. Die Entwicklung der Wirkung der Übertragung des Leidens vom Astralkörper auf den physischen Körper ist eine sehr langsame. Nur wahre Eingeweihte vermögen das in Sekundenschnelle.

Andererseits stellt die Kräfteentziehung an das Können, an die Zähigkeit und Ausdauer des Handelnden große Anforderungen. So einfach und leicht ist die Sache nicht. Auch hier schwankt die Bearbeitungszeit zwischen 7 Wochen, Monaten oder 7 Jahren. Ist der Betroffene von den Stromwirkungen unterrichtet, so vermag er leicht die Auswirkungen zu neutralisieren und evtl. umzukehren. Dann schadet der Handelnde sich selbst durch die der Kraftentziehung bedingte Kraftüberfüllung mehr, als dem Angegriffenen.

Die sogenannten Schutzmittel, wie Odmantel, Glyphen und seidene Gewänder täuschen wohl nur Schutz vor. Den besten Schutz bildet der unerschütterliche Glaube an den rechtmäßigen Herrn und Schöpfer der Welt und der eigene geschulte Wille.

Bei der Kraftüberfüllung wird mit eigenen starken Energien gearbeitet, den Astralkörper des Betroffenen einseitig zu überladen. Von den Eingeweihten aber lass dir sagen, dass sich eine Anhäufung bestimmter Kräfte schwer rächt, wenn sie ungebraucht aufgenommen wird, ohne sie vermittels des eigenen Körperkraftsystems zu erhöhen. Diese eigene Kraftstärke muss in demselben Verhältnis steigen oder gesteigert werden, als man die Energiestärke verwenden will. Die Menschen gehören aber ganz verschiedenen Kraftgebieten nach Ursprung- und Ausgangspunkt zu. Je höher der Ursprungsdekret liegt, oder je stärker unsere eigene Kraft ist, umso leichter haben wir es bei dem Arbeiten und um so vieles schwerer wird es den Anderen, uns zu beeinflussen. Jene einzelnen Energien und die dazu gehörigen Menschengruppe erfahren eine Abhandlung im nächsten Band.

Zur Kraftüberfüllung benutze nun speziell die Saugflächen und dann die Strahlungsfelder des menschlichen Körpers. Es sind dies die Nervennetze der Schläfen, Handinneres und Nabelfeld als Saugflächen. Stirnfeld, Brustwarzen und Geschlechtsfeld als Strahlungsflächen. Gerade das Letzte ist eine besondere Überfüllungsstelle. Im gleichen Bezirk befinden sich auch die Sammelbehälter der stofflichen Ausscheidungen.

14. Das Matrium, die Lebenskraft des Menschen

Wir wissen aus der Physik, dass zu starker Strom das Bersten und durchbrennen der Sicherungen und damit das Verlöschen der Glühlampen verursacht. Dasselbe geschieht auch hier. Dabei benötigen wir aber keine metallischen Stromleiter, sondern arbeiten vielmehr drahtlos. Auch eines Elektrizitätswerkes bedürfen wir nicht, da sich unser Leben in einem solchen von ungeahnter Größe abspielt. Dies klingt zwar absurd, aber doch verhält es sich so. Beschäftigt sich doch schon die Hochschulwissenschaft mit dem Elektronenproblem, welches schließlich im Menschen selbst die Ursache und Folge zeitigen wird. Auch die Überlegung verdient besondere Beachtung, aus der uns umgebenden Luft die darin immer vorhandene Elektrizität herauszuziehen und zum Dienst an der Menschheit ausschließlich anzuwenden. Die Forscher sollten dabei nur nicht vergessen, dass die Energien nur durch gleichgeartete Umformer dienstbar gemacht werden können und leicht zertrümmert ihre Spannungsstärke jeden irdischen Messapparat. Einem Eingeweihten der übernatürlichen Stromgebiete dürfe es wohl eher gelingen, mit solchen Kräften zu arbeiten. Gefahrlos ist der Gebrauch für die Allgemeinheit nicht. Bisher habe ich drei verschiedene Stärken dieser Energien festgestellt. Ich bezeichne sie allgemein mit Wärme (elektromagnetisch), Magnetismus und Starkstrom. Die letztere Qualität kommt der Elektrizität im üblichen Sinne nahe. Aufzunehmende Wärme ist erträglich. Der Magnetismus verdirbt schon nützliche Dinge, wie Taschenuhren und Starkstrom verursacht eventuell Körperschäden, bestehend in gesundheitlichen Störungen. Jedenfalls sei eine Warnung abgegeben, nicht ohne zwingenden Grund von dem Starkstrom Verwendung zu treffen. Nur zu leicht entsteht die Elias´sche Himmelfahrt. Bekanntermaßen fuhr der Prophet Elias im Feuer gen Himmel. Die Körperfelder sind also die Stellen, durch welche die magische Einwirkung stattfindet, und es ist notwendig, darum Bescheid zu wissen. Leben wir doch in einer Zeit, in der alles nur mögliche verwandt wird, um die Gegenpartien im Schach zu halten. Viel zu viel steht dabei auf dem Spiel, weil wir Menschen stets nur die Mittel im Kampf der Herren der Welt sind. Jener Andere ersinnt immer neue grausame Methoden, um die Schar der Getreuen des rechtmäßigen Herrn zu verringern. Uns erwächst darum die Pflicht, Mittel und Hilfsmittel kennen zu lernen, um abwehren und bekämpfen zu können. Ein ausdauernder und unsichtbarer Kampf wird hierbei geführt. Mir ist es gelungen, tiefere Einblicke in das Naturgeschehen zu erlangen und Fädenverbindungen zu entdecken. Viele Rätsel vermochte ich zu lösen. Anfangs stand ich diesen Kräften ratlos gegenüber. Ich fühlte ihre Wirksamkeit, wusste aber nicht, wie solches geschehen konnte. Später fielen mir dann die Angaben in die Hände, die im Nachprüfen das Weitere ergaben. Viele Nackenschläge hatte ich dabei zu erdulden. Ich ließ jedoch an der Sache nicht locker. Dem Suchenden sollen Möglichkeiten geboten werden, sich Irrgänge zu ersparen. Der gangbarste Weg kann nur gewiesen werden, gehen muss ihn jeder selber. Durch nichts darf er sich niederdrücken lassen. Auf einen solchen Menschen soll und mag einstürmen, was da will, beherzigt er nur: „Es gibt nichts in der Welt, was gegen meinen Willen sein kann", so kann er nicht unterliegen.

Ein wahrer Magier darf sich nicht von menschlichen Stimmungen, Vorstellungen und Vorschriften beirren lassen. Selbst Blutsbande haben hier zurückzutreten, wie bereits erwähnt. Gerade dort, wo es den Menschen am ehesten trifft, lässt der „Andere" die Abtrünnigen mit dem Angriff einsetzen. Werde hart, bildlich gesprochen, zum lebenden Stein, wenn es sein muss. Mag dein ganzes materielles Wirtschaftssystem zusammensinken und du so arm und verachtet werden wie Hiob, bleibe dennoch aufrecht, halte durch, und dir wird hundertfach gegeben, was du im Kampfe verlorst. Willst du ein ehrlicher, getreuer Hermetiker sein, so schaffe dir den wahren, unverbrüchlichen Glauben an den rechtmäßigen Herrn und Schöpfer und handle immer als Hermetiker. In allen Stunden weiche nie von dem Wege ab. Nur so kannst du ein wirklicher Magier werden und in die verborgenen Kräfte der Natur eindringen, um sie zu bemeistern. Sonst bleibst du leeres Stroh, das jeder Wind verstreut und das die Flamme vernichtet. Solange du nur die „Mitgliedschaftskarte" der Hermetiker besitzt und mit der Arbeit an dir selbst zurückhältst, gehst du auch der aufbauenden Kräfte verlustig, ein wahrer Hermetiker zu werden. Wenn du dich zur rechten Überzeugung hindurchgerungen haben wirst, ist deinem Gang zur Vollendung des Menschentums keine Grenze mehr gezogen. Jede Entwicklung braucht Zeit, auch die deine. Nichts soll plötzlich und unvermittelt geschehen. Es muss fast alles erkämpft werden. Such die Hilfe bei dir selbst, indem du die Geheimlehren verwertest, welche dir offenbar geworden sind. Reichen Nutzen wirst du davon haben. Trachte aber nicht gewaltsam die inneren Geheimnisse an dich zu reißen. Du kannst sie nicht eher erhalten, als bis in deiner eigenen Entwicklung eine entsprechende Reife vorhanden ist. Es hilft da kein Wüten und Bitten. Durch Selbstzucht in der Selbstschulung gelangst du zur Selbstforschung. In früheren Jahren war auch ich einmal ein solcher Himmelsstürmer, der wähnte mit Sturmesschritten die Einweihung zu erhalten. Mir wurde dies verwehrt und der harte Weg der eigenen inneren Entwicklung gezeigt, welchen ich erst gehen musste, ehe sich die weiteren Geheimnisse enthüllten. Heute stehe ich vor einer Fülle von verborgenem Wissen und immer neue Gebiete werden mir erschlossen, direkt überraschende Offenbarungen zuteil, die ich früher erst übersehen hatte. Ein jeder kann dahin kommen, wenn er nur den rechten Glauben und festen Willen dazu aufbringt. Beginne, wie schon gesagt, von Grund auf aufzubauen. Stelle dein bisheriges Wissen und Können beiseite. Werde ein Student verborgener Wissenschaft und lerne lesen und schreiben darin. Warum schweigen und handeln nötig sind, wird dir dann selbst klar werden. Du bist dann auf dem rechten Weg zur Erkenntnis. Verstecke Untugenden, wie Hochmut und Eitelkeit. Sie stellen die Dornen auf diesem Wege dar. Ob du reich oder arm, gelehrt oder ungebildet bist, spielt keine Rolle. Solche Zustände scheiden hier aus, weil diese zu allen Zeiten geschaffen werden können. Solange jene Dornen dich stechen, erfährt deine Entwicklung eine Behinderung. Tritt darum die Dornen nieder und übe dich in den rechten Erkenntnissen. Gesellschaftlich bleibst du doch das, was du sonst warst. Du bleibst doch immer, wer du bist. Du vergibst dir nicht das Geringste, im Gegenteil. Du förderst dich selbst und deine Angelegenheiten außerordentlich. Nicht jeder kann Meister sein. Es muss auch Beamte als Brüder geben. Jeder wird, seiner geistigen Entwicklung entsprechend, an den Platz auf Erden hingestellt, den er auszufüllen hat und kann unter ihr volle Befriedigung erhalten. Vieles lässt sich vermeiden, wenn zur rechten Zeit die Mängel aufgedeckt werden. Vorbeugen ist darum besser als Heilen. Die wenigen Minuten zur Übung sind immer herauszuwirtschaften, hat doch jeder Zeit zum Schlafen, wobei er einfach die Forschungsarbeiten geschickt ansetzen muss. Auf den Willen kommt es hier besonders an. Ausreden zählen nicht. Beginne mit den wenigen Minuten vor dem Einschlafen, von selbst werden dann noch Zeitpausen zur weiteren Entwicklung eingeführt. Der Anreiz ist damit geweckt. Von Furcht muss man sich nicht beeinträchtigen lassen, dass sich etwas einstelle, was dir Nachteile bringen könnte. Ein überzeugt Gläubiger hat keinen Grund, sich vor irgendetwas zu fürchten. Alles Unbekannte kann ihm vielmehr nur wertvoll sein. Um magische Handlungen vorzunehmen, ist es für jeden notwendig, sich so zu schulen, dass er zu jeder Zeit, an beliebigen Tagen oder Stunden, die verborgenen Kräfte in seinem Körper aufsaugen und umformen kann. Hierbei ist das Stärkeverhältnis der eigenen Energie dem der herrschenden Kraft anzupassen. Unstimmigkeiten sind auszugleichen. Zur Feststellung der eigenen Kraft benutzt man die Lehren der Astromagie. Hierüber gibt der fünfte Band Aufschluss. In diesem sind die Gebrauchstabellen enthalten. Vermittels gedanklicher Vorstellung und durch festen Willen verstärkt man durch Aufsaugen der Kraftteile, was in den Sammelzellen vorhanden ist. In jedem menschlichen, tierischen oder pflanzlichen Körper flutet das Leben solange, als die Kraft vorhanden ist. Eventuelle ruhende Stärke tritt dann nicht besonders hervor. Der magisch geschulte Mensch vermag die in seinen Organen ruhenden Kräfte zu verstärken und vermehrt zu magischen Handlungen zu verwenden. Das eigene Tätigkeitsfeld gilt es zu vergrößern. Zuerst beginne man mit sich selbst, mit Experimenten am eigenen Körper. Stellen es sich z. B. durch schnelles Laufen Schmerzen ein, die mit Seitenstechen bezeichnet werden, dann lege die innere Fläche der rechten Hand an die Stirn und das Innere der linken Hand an die schmerzende Hüfte und bilde hierzu die Gedankenformel: „Die Störung hat jetzt ein Ende". Als Resultat wird sich zeigen, dass sich der Schmerz vermindert, doch entsteht das Gefühl, als ob der linke Unterarm bedeutend schwerer geworden sei. Es bohrt ein brummendes Etwas darin, was verschwindet, wenn die linke Hand kurze Zeit ins reine Wasser gelegt wird. Das Wasser schütte man nach Gebrauch weg, denn an dieses bleibt die Störung gebunden. Zur Erklärung dieses Vorganges sei angeführt, dass die rechte Hand aus der Strahlungsfläche

Stirn Kraft heraussaugte. Gleichzeitig zog aber auch die linke Hand als Saugfläche die Störung ab und durch den Übergang der oberen Kraft wird die Schmerzwirkung im linken Unterarm zusammengepresst, was die Störung mit dem Brummen kundgab. Allein die gedankliche Vorstellung bewirkt das Aufsaugen und die Überleitung. Wer aber die Ableitung in das Wasser oder nach der Erde unterlässt, der überträgt die organische Störung an eine andere Körperstelle. Sie gelangt dann bis in das Schultergelenk hinauf und das Rheuma ist fertig.

Kopfschmerzen in den Muskelpartien der Kopfhaut, eine Behinderung, die auf Behandlung Anspruch erhebt. Die Grundursache ist nebensächlicher Natur und es gilt nur die Wirkung, die Schmerzen zu beseitigen. Dazu benutzt man die Kraftteile, welche in reinem Wasser vorhanden sind. Zu diesem Zwecke füllt man reines Wasser in eine große Schale, legt die rechte Hand hinein, die linke Hand aber an die Stirn. In der Vorstellung wird wieder die Formel geprägt, wie bereits erwähnt worden ist. Ein abkühlendes Gefühl durchdringt alsbald die Kopfhaut und nach einigen Minuten ist der Schmerz verschwunden. Der eigenartige Zug macht sich dann an dem linken Arm bemerkbar, und er pflanzt seine Wirkung durch die Partie der Schlüsselbeine über den rechten Arm in das Wasserbecken fort. Bevor nicht die Fingerspitzen der rechten Hand den Durchzug zurückmelden, darf die Handlung nicht unterbrochen werden.

15. Behebung der Blutüberfüllung in den Sexualorganen

Wer lange Zeit sehr enthaltsam lebt, dem wird die Blutüberfüllung regelrechte Schmerzen bereiten. Hier ist die Kraftaufspeicherung vorhanden, die übergeleitet werden muss. Lege die rechte Hand an die Wurzel, die linke aber auf das Nabelfeld. Bilde hierzu die Gedankenformel: „Der Überfluss entweiche zur Sammelstelle". Das Schmerzgefühl weicht alsbald einem Wohlgefühl, das sich auf den ganzen Unterleib mitteilt. Der Blutdruck geht zurück und die Organische Störung ist behoben.

Wir besitzen je eine linke und eine rechte Schläfe, linke und rechte Hand, linkes und rechtes Ovarium. Die linke Seite ist stets positiv, die rechte Seite aber negativ geladen. Obgleich beide Handteller Saugflächen sind, dient jedoch die linke Hand zur Kraftzuführung, die rechte Hand zur Kraftentziehung. Wenn die linke Hand Saugfläche ist, so saugt sie von innen nach außen, das heißt von der eigenen Körpersammelstelle nach außen hin. Die rechte Hand aber saugt von außen nach innen hin. Dieses geschieht aber nur, wenn die Hände an verschiedene Körperstellen gehalten werden. Beide Hände in Kopfhöhe emporgestreckt, saugen von außen nach innen. An bestimmten Körperstellen aufgelegt saugen sie sich fest und bewirken die Bindung. Was mit beiden Händen dann gefasst wird, verfällt der Bindung. Am eigenen Körper beseitigt man die Störungen der rechten Körperhälfte mit positiver, die der linken mit negativer Kraft, indem die linke oder rechte die Übertragung von der Schadenstelle aus übernimmt. Das gleiche Gesetz kommt zur Anwendung bei der Behandlung der Leiden fremder Personen.

16. Das magische Feuer

Hält man beide Hände in Kopfeshöhe bei vollständig unbekleidetem Zustand, Handflächen nach außen gekehrt, unter der Benutzung der Gedankenformel „Meine magische Kraft ist täglich stärker", so wird nach wenigen Tagen eine merkwürdige Feststellung gemacht werden. Jeder Gedanke und alle Atemzuge gleichen einem Feuerstrom. Das Gefühl einer Flamme im Körperinnern ergießt sich eine Blutfülle in die Geschlechtsorgane und alle organischen Zellen werden mit der Kraft gefüllt. Es ist als sei man in eine Feuersglut geraten. Wird die Übung abgebrochen, so geht dieser Zustand wieder zurück. Aus dieser Erscheinung heraus mag die Bezeichnung „Feuertaufe" stammen. Eine solche Feuertaufe, eine Feuerstellung, gilt es immer wieder zu erzeugen, wenn die magische Wirkung geschaffen werden soll. Erst dann kann man, ohne selbst Schaden für sich zu nehmen, besondere Handlungen bewerkstelligen.
Im Gegensatz zu anderen Schriftstellern sei erklärt, dass diese geschlechtliche Enthaltsamkeit durchaus erforderlich ist. Es gibt jedoch in magischen Gebieten Handlungen, wobei die Darstellung des vollkommenem Menschen, d. i. die Vereinigung zwischen Mann und Weib, erforderlich ist. Die gedankliche Vorstellung gibt den Ausschlag. Der Zweck der Handlung muss alle Vorbereitungen und Teilhandlungen beseelen.

17. Die Anzeichen magischer Einwirkungen.

Keiner von uns ist davon ausgeschlossen, einer magischen Beeinflussung zu unterliegen. Seien es Einzelpersonen oder auch bestimmte

Vereinigungen, die sich solchen Arbeiten widmen. Um Angriffen wirkungsvoll zu begegnen, gebe ich hier die Anzeichen bekannt, ebenso die Regeln, die zur Verteidigung dienen. Wir unterscheiden den Angriff auf die Gesundheit, die wirtschaftlichen Verhältnisse und die Verhängung des Todes.

Bei Kraftentziehung entsteht ein dumpfer, bohrender Kopfschmerz, der sich hauptsächlich auf das Zirbelfeld beschränkt. Eine Mattigkeit der Glieder setzt ein. Die Trägheit des Blutes ergibt ein Stumpfwerden gegen alle äußeren Einflüsse. Teilnahmslos steht der Betreffende allen Geschehen gegenüber. Zeitweise setzen stechen und reizen an bestimmten Körperstellen ein. Die Muskeln werden schwach, es folgt eine Verdickung des Blutes. Später auch der Zellengewebe.

Bei Kraftüberfüllung tritt Fieberhitze auf. Die Überreizung der Geschlechtsnerven machen sich in abnormen Vorstellungen und unbewussten Handlungen bemerkbar, die dem Gesamtorganismus schaden. Eine Zersetzung des Blutes leistet der Wassersucht in der Bauchhöhle oder in den Muskelpartien Vorschub. Es kommen Wucherungen und krebsartige Erscheinungen zum Ausbruch. Vermehrte Ohnmachtsanfälle schaffen Selbstmordkandidaten. Anschwellungen von Muskeln verursachen Muskelschwund, dass die Zellengewebe zerstreut und zerrissen werden. Jähzorn und Tobsuchtsymptome zeitigen Schlagfluss und Gehirnschlag.

Beim Angriff gegen die wirtschaftlichen Verhältnisse ergeben sich unerwartete, rätselhafte Geschäftsschwierigkeiten, große Verluste gehen mit Diebstählen, Veruntreuungen, Urkunden- und Wechselfälschungen einher. Unbewusst werden oft die Ausführenden zu Handlungen gezwungen, die sie sonst selbst verabscheuen. Ein Angriff auf die wirtschaftlichen und privaten Verhältnisse endet meist in dem vollkommenen Ruin des Betroffenen.

18. Der magische Tod.

Über die verschiedenen Auswirkungen wird im Nachstehenden geschrieben. Kein Richter der Erde kann die Täter zur Rechenschaft ziehen, weil eben dieser die Taten einfach als Aberglaube bezeichnet, und damit für den Augenblick scheinbar weiterkommt. Ein Damoklesschwert schwebt aber dann über ihm, bei einem ungerechtfertigten Zugriff auch von dieser unsichtbaren Macht gefasst und zermalmt zu werden. Bei Verhängung des magischen Todes richtet sich der Angriff hauptsächlich gegen Gehirn,

Zirbel- und Nabelfeld durch entsprechende Kraftüberfüllung. Der Astralkörper des Betroffenen wird gewaltsam aus dem physischen Körper herausgezogen. Die Verbindung des Seelenkörpers mit dem Fleischkörper ist eine gewisse Zeit unterbrochen, im Körper selbst entsteht ein Brausen und verkündet das Entstehen des magischen Feuers. Die Pulse hämmern und fiebernd überfällt den Körper der Starrkrampf. Von den Füßen aus beginnend bis zum Kopfe, ist jede Bewegung unterbunden. Allein das Gehör vernimmt wie aus weiter Ferne das Geräusch der Umgebung. Sofern keine Gegenmaßnahmen getroffen werden, dann stockt der Herzschlag und der Körper nimmt Leichenblässe an. Der Betroffene bleibt aber trotzdem immer noch am leben und hört alles, was vor sich geht, vermag aber nichts zu seiner Rettung zu tun. Der magisch ungeschulte Arzt stellt als Todesursache gegebenenfalls Herzschlag fest. Wird der Bann nicht gebrochen, so kann leicht ein Scheintoter aus den Reihen getragen werden.

19. Die Schutzmaßnahmen.

Der beste Schutz ist der **rechte manifestierte Glaube** und die Wahrung der unverbrüchlichen Treue zum wahren Herrn und Schöpfer. Dann werden die Unsichtbaren als seine Getreuen uns zur rechten Zeit warnen und lehren die drohende Gefahr abzuwenden. Es ist doch aber sehr vorteilhaft, wenn wir uns selbst einen magischen Schutzwall schaffen, indem wir täglich 7 Mal die Denkformel üben: „Es gibt nichts in der Welt, was wirken kann". Diese Gedanken intensiv gedacht, sind ein Schild, an dem die Waffen und Wellen der Gegner abprallen. So wir nun Rechtgläubige sind, dem Halbfertigen und Abtrünnigen nützen solche Überlegungen nichts. Der Glaube und der Wille, neben der rechten Vorstellung schaffen den besten magischen Schutz. Denn: Der Glaube kann Berge versetzen!
Werfen Gegner Unbeeinflussbarkeit vor, welche sich in einem eigensinnigen, halsstarrigen Wesen kundgibt, dann ist es zu prüfen, ob diese Untugenden der Eitelkeit entspringen. Oft ist die Verteidigung eigener Ideen mehr wert als ein ganzes Menschenleben. Wer ein rechter Magier werden will, muss seinen Weg unbeirrbar gehen. Gefährliche Gegner schüttelt man durch eine Lösungshandlung ab. Die nachstehende Anleitung, eine Übertragung aus dem hermetischen Archiv, ist dabei gut zu verwenden. Benötigt werden hierzu eine Räucherschale, 7 mit Spiritus getränkte Holzkohlen, ein Stück Wolle, eine Dattel und ein siebenfach geknoteter Bindfaden. Vor der Handlung sind wenigstens Gesicht und

Hände zu waschen und die magische Stirnbinde ist mit dem magischen Gewande anzulegen. Unterkleidung kommt dabei in Wegfall. Eine Marsstunde der Nacht wähle zur Arbeit. Mit dem Anzünden des Räucherfeuers (siehe „Evokation" von F. Bardon) beginnt dieselbe. Die Sprüche werden halblaut geflüstert und die darin beschriebenen Handlungen gleichzeitig vorgenommen.

Oh Herr der Welt;
Ein böser Zauber schwebt über meinem Haupte.
Ein Spruch der Verwünschungen ward über mich gesprochen,
der Fluch eines Feindes hat mich getroffen.

Oh Herr der Welt;
Brich den Zauber, der über meinem Haupte schwebt,
vernichte den Spruch der Verwünschungen,
der über mich gesprochen ward,
nimm von mir den Fluch meines Feindes.

Oh Herr der Welt;
Die Bezauberung, deren Opfer ich geworden,
möge sie gleich einer Dattel zerstückelt, gleich einem Knoten gelöst,
gleich Wolle zerzupft und in flammendem Feuer zerstört werden.

Oh Herr der Welt;
wie ich diese Dattel zerstückle, so möge jener Zauber zerstückelt werden,
und das flammende Feuer möge verzehren die zerstückelte Dattel
und den Zauber, den mein Feind mir angetan.

Oh Herr der Welt;
wie ich diesen Knoten löse,
so möge jeher Zauber gelöst werden,
und das flammende Feuer möge verzehren,
die entknotete Schnur und den Zauber, den mein Feind mir angetan.

Oh Herr der Welt;
Wie ich diese Wolle zerzupfe,
so möge jener Zauber zerrissen werden,
und das flammende Feuer möge verzehren,

die zerzupfte Wole und den Zauber, den mein Feind mir angetan.

Oh Herr der Welt;
Brich den Zauber, den mein Feind mir angetan und triff
ihn selber, ihn und sein Weib,
seine Kinder und Diener und Dienerinnen.

Die Holzkohlen müssen gut in Spiritus getränkt sein, die Räucherschale enthalte außerdem einen Teil Spiritus, damit das flammende Feuer nicht früher verlösche. Sobald die Handlung vollendet ist, legt man die Stirnbinde und Gewand ab. Die Überreste im Räucherbecken müssen sorgfältig abgelöst und später in fließendes Wasser geworfen werden. Befindet sich ein solches nicht in der Umgebung, dann vergräbt der Kundige die Asche an verschwiegener Stelle in der Erde.
Eine solche Handlung ist 7 Mal zu wiederholen. Zwischen jeder Ausübung liege eine Pause von 7 Tagen. Der Nutzen ist in kürzester Zeit ersichtlich. Diese Handlungen brechen auch die gegnerischen Arbeiten, welche mit Hilfe der Unsichtbaren Abtrünnigen geschehen. Über die Abtrünnigen sind wir ebenfalls Herr, wie ich das später zeigen werde.
Treten die Wirkungen des magischen Todes ein, dann presse man beide Hände zu Fäusten geballt an die Stirn und denke unablässig jene Denkformel: „Es gibt nichts in der Welt, was wider mich angehen kann". So ein Starrzustand erfordert besonders das Beachten der Pulsader und Schläfen, die mit kaltem Wasser zu behandeln sind. Beginnt das Wasser im Becken durch den Weg des Auflegens zu sieden, dann soll es fortgeschüttet werden und ist durch anderes zu ersetzen. Ein Angriff dauert nicht länger als 3 oder 5 Stunden. Nach diesem Zeitpunkt ist der Wille triumphierend über alle. Früher war es mir unfassbar, dass eine solche Auswirkung möglich sein könne. Doch als ich am eigenen Körper verspürt hatte und dagegen ankämpfen musste, da wurde ich davon überzeugt. Bei den Erklärungen zu den Angriffshandlungen erfahren die Geheimnisse bestimmter Organisationen (FOGC), deren Wirkungen nachgeprüft wurden, ein kurzes Streiflicht. Das Treiben besonderer Verbindungen geht nicht den Aberglauben an, sondern ist greifbare Wirklichkeit. Kein Mensch kann solchen magischen Einflüssen entgehen. Nur der Unterrichtete allein weiß sich zu schützen. Vielfach werden auch Schutzglyphen oder Amulette angepriesen. Die marktschreierische Aufmachung derselben mahnt aber immer zur Vorsicht. Die besten Schutzplatten sind diejenigen, die man nach

den Geheimlehren selbst anfertigt, oder sich durch tatsächlich Eingeweihte anfertigen lässt und lädt. Von den Schutzedelsteinen gilt dasselbe. Das Amulett an sich bleibt tot und ist ohne jede Wirkung und wäre es auch der kostbarste Stein, wenn es nicht an den Lehren und Anleitungen der Geheimlehren gefertigt und geweiht (geladen) worden ist. Dabei muss man auf das persönliche Schicksal und die geistigen Eigenschaften des Bestellers Rücksicht nehmen. Die Lehren und Methoden der modernen Astrologen sind sehr problematisch. Meine Schutzmittel schuf ich mir selbst. Im Rahmen dieser Bände gebe ich die Anleitungen zur Anfertigung und zum praktischen Gebrauch mit wirksamer Verwendungsmöglichkeit. Jeder Anhänger der Hermetik wird davon den rechten Nutzen haben.

20. Die Angriffshandlungen.

Naturgemäß müssen die Anleitungen zu möglichen Angriffen zahlreicher ausfallen als die der Verteidigung und es kommt darauf an, die richtige Methode auszugleichen. Zu erwähnen sind hier die Arbeiten mit Bildern und Wachsplatten vermittels Puppen und Mumien. Unter Mumia ist die magische Handlung mit oder ohne persönliche Stoffe zu verstehen, wie sie Blut, Haut, Nägel, Haare, Sperma, Vaginalsekret, Tücher und auch Unterschriften abgeben. Damit sind aber die Handlungsmöglichkeiten noch lange nicht erschöpft. Sie werden jedoch für die meisten Fälle vollkommen ausreichen. Das Hilfsmittel bildet immer nur das Bindeglied zur Übertragung der Wirkung auf die betreffende Person. Später kommen dann noch die Arbeiten unter der Dienstbarmachung der unsichtbaren Gehilfen sowohl auch der Getreuen, als auch der Abtrünnigen. Diese Handlungsmethode stellt allerdings große Anforderungen an die Ausführenden selbst und er kann sich ihrer selbst in der richtigen Weise erst als Eingeweihter bedienen. Der rechte Glaube und die unverbrüchlichste Überzeugung muss ihm in Fleisch und Blut übergegangen sein, sonst ergeht es ihm wie dem Zauberlehrling in der Goetheschen Dichtung. Die Geister, die er rief, wird er nicht mehr los.
In den Nachdrucken von alter Herkunft findet man vielleicht entstellte Angaben über den Bildzauber. Auch im Volke wandern die sonderbarsten Geschichten darüber von Mund zu Ohr. So soll z. B. Schaden verursachen, wenn man einen Dolch in das Bild einer lebenden Person stößt, oder wenn mit glühenden Nadeln die Umrisse der betreffenden Person auf dem Bilde nachgezogen werden. Die Proben stehen ja frei. Es ist aber eine nutzlose

Arbeit, denn dazu gehört schon etwas mehr als nur die durchschlagende Kraft der Überzeugung und der Vorstellung. Zuerst ist der feste, unerschütterliche Glaube nötig, dann ein harter, geschulter Wille, und die Verbindung mit seiner Gottheit neben genauer Kenntnis der magischen Handlung. Dieselbe besteht wieder aus verschiedenen Teilen, deren Reihenfolge genau zu beachten wäre. Gleichgültig bleibt die Art des Hilfsmittels, sei es Bildplatte, Puppe oder Mumia, mit welchem man zu arbeiten gedenkt. Das Hauptgebot bei allen diesen Ausführungen, ist das schweigende Handeln. Wer vorher darüber spricht oder sich bestimmte Pläne zurecht legt, der hat keine Aussicht auf Erfolg. Er vergeudet mit solchen Illusionen noch seine aufgespeicherte Kraft. Man muss vielmehr an die Wirkung denken, die entstehen soll. Jene Formel, die zur ersten Handlung verwendet wird, muss stets bei der gleichen Bearbeitung beibehalten werden. Heute die und morgen andere Worte zu bilden, hat nur Kaftzersplitterung zur Folge. Alle Formeln seien kurz. Dabei komme bestimmt und klar zum Ausdruck, dass die Verwendung sich zu recht und wirksam auslöst. Die Handlung besteht aus Bann, Verwünschung, Anrufung, sowie Verhängung und Festigung der gewollten Sache. Zur Vornahme einer jeden magischen Handlung gehört eine gewisse persönliche Vorbereitung. Falls eine Ganzwaschung mit anschließender Salbung nicht vorgenommen werden kann, benetze zu mindestens Gesicht und Hände und sprich mit an die Stirn gelegten Händen halblaut die Anrufung: „Herr, höre mein Wort, denn du bist der Herrscher des Himmels und der Erde als auch der wahre Schöpfer, welcher im glücklichen Zeitalter wiederkehren wird." Alsdann beginnt man mit der Anfertigung oder Zurichtung des Hilfsmittels, welches die betreffende Person symbolisiert oder darstellen soll. Beachte dabei an welchem Tage und zu welchen Stunden die Handlung am Günstigsten wirkt. Nicht alle Zeiten sind zur Anfangshandlung gleich gut verwendbar, deshalb benutze die Gebrauchstabellen der Planten, Elemente und Tierkreiszeichen. Für magische Handlungen eignen sich am besten die Saturnstunden und der Saturnzeittag. Wir Hermetiker rechnen die Nacht vor dem Tage beginnend mit der ersten Zeitstunde der bürgerlichen Zeit. Von 18-19 Uhr oder von sechs bis sieben Uhr nachmittags des Vortages. Unser Saturnzeittag beginnt also am bürgerlichen Zeittag Freitag mit dem Glockenschlag 6 Uhr nachmittags und endet am Samstag abends um 6 Uhr. – Zu beachten ist auch Schurim und Schumrut (Genien und Gegengenien) in der Stundenbeherrschung. Hier aber gibt es weitere Gebrauchstabellen. Die kleine Auszählung, welche notwendig ist um am Handlungstage die zur Stunde herrschenden Einflüsse zu finden, kann jeder selbst vornehmen. Alle Vorarbeiten sollten schon vor der eigentlichen Arbeit erledigt sein, um von den Zeiten der besten Einflüsse keine Minute zu verlieren. Eine Bannung geschieht stets doppelt. Zuerst bannt man durch gedankliche Vorstellung die zu bearbeitende Person in das Hilfsfeld, während dasselbe angefertigt wird. Bei Lichtbildern erfolgt genau dasselbe, wenn von der Person Vor- und Zuname auf die Rückseite des Bildes geschrieben werden. Hierbei gilt zu beachten. Will man einer Person helfen, so werden deren Namen auf das Bild aufgeschrieben, soll die Person bestraft werden, kommen die Namen auf den Bildrücken. Bei dem Wunsch konzentriere dich in Gedanken auf die Person und sprich halblaut den Segensspruch oder die Verwünschung über das Hilfsmittel aus. Zugleich betätigen die Hände die Verhängung. Bei den Segenswünschen sind mit beiden Händen vom Kopf nach den Füßen die Bekräftigungsstriche auszuführen, genau als ob man magnetisiere. Verwünschungen führen die gedachte Schädigung herbei. Zum Schlusse benutzt man die Festigung. Mache zu diesem Zwecke fünf oder sieben Knoten in einen starken Bindfaden und umwickle das Hilfsmittel mit diesem. Die Handlung ist damit vollendet.

Eine andere Vorschrift besagt zwar, dass man zwei Knoten zu knüpfen habe und damit dann bei jeder Folgehandlung weitere zwei Knoten anfügen soll. Die Folge, als Wiederholung der Handlung unter Wegfall der Anfertigung von Hilfsmitteln, soll entweder täglich zur selben Stunde oder nach sieben Tagen vorgenommen werden. Keinesfalls darf die Bindung eine Lösung erfahren, bevor der gewünschte Erfolg eingetreten ist. Gibt das erzielte Ergebnis die Befriedigung ab, dann ist die Handlung in umgekehrter Reihenfolge vorzunehmen. Löse die Festigung und alle Knoten, beseitige die Schädigung, sprich einen Segensspruch und nimm die ganzen Hilfsmittel auseinander.

Den Abschluss bildet der Spruch, welcher als Anrufung benutzt wird. Das verwendete Material darf nicht achtlos offen daliegen gelassen werden, sondern ist in allen Fällen wegzuschließen. Gebrauchte Utensilien sind zur ewigen Vernichtung fließendem Wasser anzuvertrauen.

21. Der Bildzauber in einfacher Handlung.

Benötigt wird hierzu ein schwarzes Brett. Dasselbe muss groß genug sein, um ein Lichtbild mehrere Male darauf Platz finden zu lassen,

Räuchergefäße, Holzkohlen, Brennspiritus und das passende Räucherpulver sind weiter erforderlich. Alle Einzelteile führen Drogerien und Apotheken und werden leicht zu beschaffen sein. Verwende ferner Perubalsam, Myrre, Galban und reinen Weihrauch zu gleichen Teilen. Die gestoßenen Stoffe vermische mit dem harzigen Galban und menge den Balsam darunter. Daraus formen sich dann kleine Körner, die bei der Aufbewahrung in gut verschließenden Gefäßen zu sammeln sind. Das Galban ist ein persisches Pflanzenharz und verbreitet einen starken angenehmen Geruch. Mehrere Stahlnadeln sowie einige Zwecken zur Befestigung des Bildes seien zur Hand. Hast du dieses alles beieinander, so schreibe die günstigen Stunden aus den Gebrauchstabellen heraus. Ebenso walte genaue Überlegung über die endgültige Tat und wie die Wirkung sich zeigen soll. Prüfe wiederholt die Gedankenformel auf ihre Prägung, um kraftvolles Handeln zu gewährleisten. Alle notwendigen Unterlagen verwahre in deinem verschließbaren Tische. Wie die Art der Ausführung vor sich geht, ist bereits geschildert worden. Zu erklären bleibt noch die Anfertigung und Verhängung. Lege Holzkohlen ins Räucherfeuerbecken, übergieße sie mit Brennspiritus und zünde sie an. Der Brennspiritus hat den Zweck, die Holzkohle schneller zum Glühen zu bringen. Diese Arbeiten können unbesorgt eine Viertelstunde vor Beginn der günstigen Arbeitsstunde geschehen. Sobald volle Glut entstanden ist, schütte einen Teil des Räuchermittels auf dieselbe und halte die Hände etwa eine Minute in den aufsteigenden Rauch. Nimm dann die magische Stirnbinde aus ihrem Behälter und lege sie an. Jetzt erfolgt die Anrufung als Beginn der Arbeit. Auf das schwarze Brett kommt das Bild zu liegen und mittels Tintenstift unter stärkster Konzentrierung werden Vor- und Zuname der betreffenden Person aufgetragen. Mit den Zwecke wird das Bild auf dem Brett befestigt. Die Behandlung erfolgt nun so, als ob du die betreffende Person selbst vor dir habest. Zum guten Werk magnetisiere und bei Strafvollzug drohe mit der Stecknadel deinen unbeugsamen Entschluss an. Verstärkt wird die Drohung durch das Anglühen der Nadel im Räuchergefäß. Die Festigung ergibt die Dauer durch Verschlingen des Bindfadens im geknoteten Zustand um Bild und Brett. Das ganze ist ebenfalls im Tische unter Verschluss nach der Beendigung aufzubewahren.
Die Arbeit mittels Zeichnung ist schon schwieriger, weil hierzu ein gutes Vorstellungsvermögen gehört. Die Hilfsmittel bleiben fast die gleichen, nur wird anstatt des Bildes ein Stück von 7 x 10 cm ungebrauchtes Pergament verwendet. Auf dieses Pergament, dessen Farbe weiß, grau oder rot sein

kann, wird die nackte Gestalt der zu bearbeitenden Person gezeichnet. Auf die Schönheit der Linien kommt es dabei nicht an. Nur müssen alle Körperteile ersichtlich bzw. als solche erkenntlich sein, z. B. Augen, Nase, Mund, Ohren, Brustwarzen, Geschlechtsorgane, ebenso der Nabel. Seitenansichten sind zu vermeiden. Der Kernpunkt der Sache besteht darin, dass der Ausführende die Zeichnung selbst anfertigt und unter genauer gedanklicher Einstellung auf die betreffende Person herstellt. Eine solche Skizze ersetzt ein Bild vollkommen. Die Handlung ist die gleiche. Auch hier sind vor dem Aufzwecken Vor- und Zuname anzubringen. Ob die Vorderfläche hierzu oder die Rückseite zu verwenden ist, entscheidet der Zweck durch den Willen. Anstelle des ganzen Körpers genügt auch eine Teilzeichnung des betroffenen Organes oder Gliedes, was geheilt werden soll. In allen Fällen aber muss der Name aufgeschrieben sein. Um eine Verständigung zu erzielen, sei hinzugefügt, dass die Zeichnung stets nun, ob Vorder- oder Rückseite in Frage kommt, innerhalb der dargestellten Person auf dem betreffenden Organ stehen muss. Der Rand, die obere oder untere Seite sollen nicht beschrieben werden. Der Name bedecke stets das ganze Bild der Person.

22. Die Behandlung mit dem Tepha (Tepaphon).

Das Tepha ist ein Holzkasten, der außer Batterie oder Akkumulator noch eine Vorrichtung enthält, das Bild oder die Zeichnung in einen elektrischen Stromkreis einzuspannen. Die gebräuchliche Stromstärke sind 28 Volt. Die magische Handlung ist die gleiche, wie sie schon beschrieben worden ist. Nur wird bei der Verhängung das Bild in den Stromkreis eingeführt, d. h., je einer der beiden Drähte wird nun eine Saugfläche oder eine Strahlungsfläche oder auch der Sammelstellen gezogen und zwar so, dass er links- und rechtsseitig angeschlossen wird. Das Ende des Drahtes wird zurückgebogen, dass sich die Drahtenden nicht unmittelbar berühren können. Beide Schläfen oder Brustwarzen, Stirnfeld oder Geschlechtsfläche geben eine Verbindung ab. Ebenso linke oder rechte Gehirnseite oder linke oder rechte Hand. Letztere nur dann, wenn dieselbe nicht zusammen an einer Körperstelle gehalten worden sind. Die Festigung vermittels geknoteter Schnur unterbleibt hier. Nur den Kasten fest verschlossen und nicht eher öffnen, bevor nicht die Lösung erfolgt ist. Die angegebenen Körperstellen stellen sich als die wirksamsten Punkte heraus und aller Erfolg wäre durch sie möglich. Das Tepha arbeitet, sofern das Bild oder die

Zeichnung unter richtiger Konzentration auf die Person und Zweck der Handlung eingeführt wird, allein weiter. Dies hat den Vorteil, dass man mehrere Angelegenheiten magisch bearbeiten kann, und zwar zu gleicher Zeit. Zu jeder Sache natürlich ist ein anderes Tepha erforderlich. Der Stromverbrauch bleibt minimal, weil sich ja die Drahtenden nicht berühren und die Verbindung durch das dazwischen befindliche Körperstück hergestellt wird.

23. Das Arbeiten mit Wachsplatten.

Als Form benutze hierzu die tönerne Schale, wie sie als Untersetzer verwendet wird. Selbstverständlich müssen neue, ungebrauchte verwendet werden. Reines Bienenwachs, dessen Farbe gleich ist, verflüssige und in geeigneter Stunde gieße die Form. Die Schale soll trocken sein, um Blasenbildungen in den Platten zu vermeiden. Die Handlung selbst sei in folgenden Sätzen dargestellt. In der Stunde des Neumondes, welche aus den Ephemeriden zu ersehen ist, soll die Platte gegossen werden. Die zu bearbeitende Person ist dabei in der Konzentration sehr scharf zu erfassen. Falls die Namensunterschrift zur Hand ist, soll auch diese mit der Schrift nach oben in die flüssige Masse eingedrückt werden, bis sie vollkommen mit Wachs bedeckt ist. Die Anrufungsformel verwende zu Beginn der Handlung. Sobald die Masse erkaltet und sie eine feste Fläche gebildet hat, ziehe mit einer Stahlnadel ein Pentagramm, das mit einem Zuge ohne Abzusetzen gezeichnet wird. Auf die Ebenmäßigkeit der Linien kommt es hier nicht an. Alle Gedanken sollen dabei nur die betreffende Person fixieren. Alsdann fülle die gezogenen Linien mit schwarzer Tusche aus und klopfe dann die Platte vorsichtig aus der Form. Zur Arbeit lege die Platte auf die Seite, auf der sich das Pentagramm befindet und behandle sie genau wie ein Bild. Solange diese Platte nicht zerbricht, bleibt die bearbeitete Person unter dem Einfluss des Handelnden, ob dieser nun die Platte weiter berührt oder nicht. Das Zerbrechen der geprägten Form löst auch den Bann, selbst auch dann, wenn der gewünschte Erfolg noch nicht eingetreten ist. Zur Fortsetzung der Arbeit muss eben zur geeigneten Stunde eine neue Platte geschaffen werden. Die gewollten Wirkungen zeigen sich langsamer, als bei direktem Bildzauber, aber sie wirken darum umso anhaltender. Im magischen Sinne stellt die Wachsplatte mit dem gezogenen Pentagramm am menschlichen Körper die Saugfläche des Nabelfeldes dar.

24. Das Arbeiten mittels Mumia.

Als Bindungsmittel, das in die Puppe hineingearbeitet wird, die die in Betracht kommende Person darstellt, kommen Nägelabschnitte, Hautteile, Haare, Taschentücher oder Unterschriften zur Verwendung. Das zu fertigende Modell erhebt keinen Anspruch auf Schönheit. Es muss aber alle Gliedmaßen erkennen lassen. Ob Zwirn oder Hanfgarn zur Naht und Deutlichmachung der Glieder zu benutzen wären, bleibt dem Einzelnen selbst überlassen. Die Unterschrift des Betreffenden verwende so, dass die Seite der Schriftzeichen nach der Leib- oder Rückenseite zu liegen kommen. Die Handlung dürfte nur Nutzen und Förderung zeitigen, wenn die Schrift nach der Leibseite zu aufgelegt wird. Am Rückenteil angebracht, verursacht dieselbe nur Schaden. Die Arbeiten sind so vorzunehmen, wie sie beschrieben worden sind. Der geknotete Bindfaden ist fest um die Puppe zu wickeln, sodass er sich nicht ohne fremdes Zutun lösen kann.

Zum Schlusse seien noch einige Betrachtungen über Liebeszauber angefügt. Der Wissende, und schließlich wünschen alle wissend zu werden, tut gut, auf solche Punkte zu achten, damit er sich vor Schaden sichert. Sehr achtlos geht jeder Einzelne an Sachen vorüber, von denen nicht gerne gesprochen wird, geschweige denn, dass mit diesen Dingen gearbeitet würde. Oft wird auch viel zu fahrlässig mit dem betreffenden Stoffe der Ausscheidungen des Körpers umgegangen.

Das Sperma – auch Vaginalsekret der Frau –, welches im Präservativ gewonnen und nach dem Beischlafe auf eine glühende Platte geschüttet wird, bewirkt durch die nötige Vorstellung Unfruchtbarkeit des betreffenden Mannes. Menstruationsblut ebenso vernichtet bringt Krankheiten dem Uterus. Sperma (Vaginalsekret), in verschlossenem Glas mit Hefe vermischt und luftdicht verschlossen aufbewahrt, schafft den Samenfluss des Mannes (und Ausfluss der Frau). Derselbe Stoff mit Spiritus vermischt in eine Wachspuppe eingeschmolzen, macht geschlechtliche Abhängigkeit von derjenigen Person, die sich in Besitz der Puppe befindet. Sperma verschlungen, erzeugt Geilheit bei Frauen, wie bei Männern das Verschlucken von Vaginalsekret. Sperma dem Getränk einer Jungfrau eingegeben, macht ein Freudenmädchen aus ihr. Schweres Siechtum befällt solche Personen, von denen Sperma oder Menstruationsblut einem Toten ins Grab gegeben ist. Abgeschnittene Schamhaare des Geliebten in einem Lederbeutel bei sich getragen, der aus dem Hodensack eines Tieres stammt, soll zubereitet oder roh genossen, erzeugt Geschlechtslust, gesteigerte Geilheit. Ochsenschwanzsuppe von der Rute eines Stieres gewonnen und wohlfeil zubereitet aufgenommen, hat eine sehr rege Reizung des Geschlechtstriebes im Gefolge. Wer diese Aufzeichnungen eingehend gewürdigt hat, den verwundert es durchaus nicht mehr, wenn diesem oder jenem jäh das aufgeregte Blut die Sinne peitscht, und dass Handlungen begangen werden, die im Grunde mit dem sonstigen Naturell des Betreffenden unvereinbar sind.

Eine Lösung stellt die systematische Auswirkung dar. Aus solchen Handlungen entstehen oft Wirkungen, deren ganzes Ausmaß der Erzeuger nicht mehr in der Hand behalten kann. Darum ist von der Anwendung besser abzuraten. Das Wissen um diese Dinge eignet sich deswegen nicht für alle, denn das unverständige verwenden, zeitigt Folgen, die bestimmt einen weiteren Missbrauch ausschließen. Wir wollen uns mit den weiteren Hilfsmitteln befassen und die Nutzzwecke der Handlungen kennen lernen.

25. Die Karten.

Mit geringschätziger Miene wird oft das Wort des Kartenlegens ausgesprochen. Der Betreffende ahnt jedoch nicht, dass er damit eine im Grunde gute Sache herabwürdigt. Durch diese Abhandlung soll nicht etwa das Heer der dunklen Existenzen vergrößert werden, die nach einem Jahrmarkt-Rezept das Blaue vom Himmel herunter versprechen, sondern das Mittel, sich über verschiedene Fragen des Lebens durch den Orakelspruch der Karten zu unterrichten. Als Orakel sind alle Hilfsmittel aufzufassen, die in diesem Lehrband zur Besprechung kommen, seien es Karten, Würfel, Pendel oder Spiegel. Nach Ansicht verschiedener Beurteiler finden diese Karten allenthalben gute Aufnahmen. Vor den Kenntnissen der sybillischen Karten war ich ein Zweifler des Kartenlegens, bis mir ein nahestehender Freund die Überzeugung von der Wirksamkeit der Praxis erhärtete. Zu Ostern 1926 war ich auch nach Oberschlesien in einen Ort, nahe der jetzigen polnischen Grenze wegen besonderer Zwecke in die abgelegene Gegend gefahren. Im Gespräch kamen wir auf die Karten zu reden und da ich mich leider ziemlich abfällig darüber äußern musste, bat mich mein Freund (Franz Bardon), das ich mir doch vor der gänzlichen Verurteilung der Sache durch eine praktische Probe ein Bild machen möchte. Ich wurde gefragt, was willst du wissen. Sage mir Charakter und Eigenschaften derjenigen Personen, die sich augenblicklich in meiner

Wohnung befinden. Es wurde ein Kartenspiel herbeigebracht. Der Veranstalter hieß mich mischen und in drei Posten die Karten abheben. Die Reihen wurden zu je 8 Karten aufgelegt und die Antwort fiel aus. – Zur Stunde befinden sich in deiner Wohnung zwei Männer. Der eine ist ein Fuchs, von deinen Feinden geschickt, dich auszukundschaften. Der Andere ist ein ehrlicher, getreuer Mensch. Deine dir zugehörige Partnerin ängstigt sich sehr um dich. Du wirst ein Schreiben von ihr erhalten, sobald sie weiß, wie und wo du bestimmt zu erreichen bist. Den Angaben forschte ich nach und es stellte sich die verblüffende Übereinstimmung unzweifelhaft zu. Bald habe ich mir das Kartenorakel zugelegt und zwar der Königin Sybille. Neuerdings ist dieser etwas in den Hintergrund getreten, da ich ein weiteres sehr einfaches Orakelsystem in Form der Würfel aufnahm. Nähere Angaben darüber folgende Seite.

Bei dem Kartenorakel, wie bei allen magischen Künsten, kommt es auf den Glauben an. Ebenso auf den Willen des Handelnden. Er muss den festen Glauben an den rechtmäßigen Herrn und Schöpfer besitzen und überzeugt und unbeeinflussbar sein. Des Weiteren ist hierzu, wie gesagt, ein geschulter Wille notwendig, Die Lauen und Halbfertigen werden mit dem Kartenorakel nichts anfangen können, da sie keine befriedigenden Resultate zeitigen. Das Orakelwissen gehört zu den untersten Gebieten des Prophetentums. Als Gabe und Gnade ist es zu bezeichnen, solches Wissen recht zu gebrauchen, der Würde Diener sein. Wer nun gleich von vornherein damit beginnt nur Fragen zu stellen, die den Materialismus betreffen, der erfasst nie den Geist der Sache richtig. Zuerst ist dem geistigen Wissen der Vorzug zu geben, sofern die Antworten eingegangen sind, erfährt das Materielle eine Lösung. Die geistige und gedankliche Einstellung muss zu jeder Frage erschöpfend sein. Die Anrufung darf nicht unterlassen werden. Es genügt schließlich, wenn sie nur in Gedanken gesprochen als Schlüssel gebraucht wird. Mehr als drei Fragen sollten im Anfange der Verwendung nicht gestellt werden. Nach erfolgter Einarbeitung und sobald die notwendige Fühlung mit den Unsichtbaren aufgenommen werden könnte, dürfte auch die Zahl der Fragen zu erhöhen möglich sein. Mehr als sieben Fragen über verschiedene Angelegenheiten erhalten aber auch keine einwandfreie Beantwortung mehr.

Die Seele eines jeden Orakels ergibt die Verbindung mit dem redenden Geist jenes Unsichtbaren, der dem Gebiete vorsteht. Nur der kann uns die Wahrheit übermitteln. Selbstverständlich kann diesen Platz des Beraters auch der sogenannte Schutzengel des einzelnen Menschen übernehmen.

Wer diesen aber nicht erkennt, der muss sich an jenen zuständigen Vorsteher halten. Die Befragung des Orakels sollte nie dem Zeitvertreib oder der Unterhaltung dienen, sondern nur in Anwendung gelangen, wenn man sich über den Ausgang einer besonderen Sache im Voraus näher informieren möchte. Der Gebrauch zur praktischen Anwendung der Karten erfordert eine längere Zeit der Beschäftigung mit denselben. Übung gehört dazu und die Beachtung aller Einzelheiten macht sich nötig, denn jedem Menschen äußert sich der Unsichtbare anders. Den einen erhört er nach kurzer Zeit, den anderen lässt er lange warten, bevor er ihn auch nur der geringsten Antwort würdigt. Das hängt mit der inneren geistigen Entwicklung des Einzelnen zusammen. An dem Erfolg ist jeder selbst beteiligt. Mangel an Überzeugung und am rechten Glauben verursachen Verzögerungen. Oft werde ich in Angelegenheiten der magischen Gebiete um Rat und Hilfe angegangen. Dabei stellt sich fast immer heraus, dass der Suchende sich leicht selbst helfen könnte, wenn er nur nicht so kleingläubig wäre. Dem Halbfertigen kann der beste Rat und die sicherste Angabe nichts nützen. Sie befinden sich in einem Gärungsprozess. Aus ihnen entwickeln sich entweder überzeugte Hermetiker, oder sie verfallen ganz und gar der Materie. Immer wieder kommen wir auf die Grundbasis des magischem Wissens zurück. Der rechte Glaube und der feste Wille sind unbedingt aufzunehmen. So mancher behauptet wohl, er besäße einen festen Willen, wird er jedoch, wie das schon dargestellt worden ist, auf die Probe gestellt, so zeigt es sich, dass eine Selbsttäuschung des Betreffenden vorliegt. Es genügt nicht, und dies muss ich immer wieder sagen, nur Mitglied des Bundes zu sein, sondern man muss auch überzeugter Hermetiker werden. Dies aber kann natürlich nicht von heute auf morgen geschehen. Nur durch allmähliche Umstellung des Wollens, Denkens, Fühlens und Handelns, erwirbt man sich eine wachsende Erkenntnis und die Bereicherung des eigenen Wissens. Jeder geschriebene Buchstabe stellt eine Hieroglyphe in Zahl und Idee dar. Das gilt nicht nur für ein bestimmtes Alphabet, sondern auch für jedes andere. Hermetische Philosophie ist in ihrer Wahrheit zu erfassen. Unser Inneres wird sich alsdann wandeln und wir werden auf den Platz gestellt, den wir voll und ganz ausfüllen können. Alles Drängen und Kritisieren ist verfehlt und hemmt nur die eigene Entwicklung. Um die Ursachen unserer eigenen Fehler aufzudecken, kann das Orakel bestens dienen. Wenn im Spiel des Zarathustra gesagt wird, dass die Wahrsagekunst eine Ausdehnung des Gesichtskreises, eine Erweiterung des geistigen Horizontes sei, die außerhalb unserer Sinne und Organe liege, so kann ich diesem voll beipflichten. Sie ist ein Heiligtum, das ehrfurchtsvoll vor den Augen und Zungen aller Profanen zu hüten ist, weil diese den Nutzwert nie richtig einzuschätzen wissen. Auch hier muss gesagt werden, dass viele berufen sind, aber nur wenige sind auserwählt. Wahre Meister als Eingeweihte dieses Wissensgebietes steigen von Stufe zu Stufe. Dem Wissenden wird die Magie mit ihren ausgedehnten Abschnitten zur Philosophie, Religion und Weltanschauung. In unserem Wollen, Denken, Fühlen und Handeln ist dann für Kleinigkeiten kein Platz mehr frei und wir sehen erhaben dem eigentlichen Lebensziel entgegen. Dr. Musallam beschreibt in der Kartomantik, die einen Teil des Werkes der „Zauberbibel" bildet, die Einzelheiten so genau, dass ich nichts mehr darüber zu erläutern habe. Nur mit Nachdruck sei nochmals erwähnt, dass zu bloßem Spiel der Unterhaltung kein Orakel befragt werden soll. Jeder enthalte sich daher einer leichtfertigen Handhabung. Das Wissen und die Orakelkunde ist kein Spiel der Kinder. Aber auch die berufliche Ausbeutung des Orakels muss ganz in den Hintergrund treten. Ich selbst benutze mein Orakel zur Bereicherung des Wissens und lehne es ab, neugierige Menschen zu er ergötzen. Macht sich jeder diesen Grundsatz zu eigen, so wird er durch Übung und ohne Mühe großen, reichen Nutzen aus der Anwendung des Kartenspiels ziehen.

26. Das Orakel der Würfel.

Als Hilfsmittel dienen zwei Elfenbeinwürfel, deren Größe nichts zur Sache schafft. Einen davon benutze ich zur Traumdeutung. Zum Gebrauche der beiden anderen erhielt ich folgende Angaben: Die Zahlen 3, 5, 7, 9 und 11, gelten als günstig, oder als Bejahung. Die Zahlen 2, 4, 6, 8 und 12 sind ungünstig oder als Verneinung aufzufassen. Fallen mehrmals 12 Augen in aufeinanderfolgenden Würfen, so soll die Fragestellung abgebrochen werden, da keine Antworten erfolgen. Jede Frage muss bestimmt gehalten sein. Zweideutigkeiten sind zu vermeiden. Zur Verwendung sei folgendes empfohlen: In der ersten Stunde eines jeden Zeittages, d. h. ab 18 Uhr bzw. ab 6 Uhr nachmittags, nimm die Würfel in die linke Hand, lege die rechte an die Brust und sprich in Gedanken die Formel: „Herr, höre mein Wort, und segne mein Werk, denn du bist unsere Hoffnung!" Schüttle alsdann die Würfel und lass sie dann auf eine ebene Fläche fallen, denke dabei die Frage und du wirst dabei die Antwort erhalten. Als Beispiel:
1. Frage: Erhalte ich heute eine Postanweisung? Zur Antwort weisen die

Würfel die Zahl 4. Damit wird die Verneinung ausgesprochen.
2. Frage: Erhalte ich heute einen Einschreibebrief? Die Würfel zeigen die Zahl 7. Also dürfte sich eine wichtige Mitteilung auf dem Wege befinden.
3. Frage: „Erhalte ich heute Briefpost? In der Beurteilung der ausgeworfenen Zahl 3, werde ich demzufolge dem Besuche des Postrates entgegensehen.
Sobald die Zahl der Fragen über 7 einzelne hinausgeht, erhalte ich als fast selbstverständliches Schlusszeichen die Zahl 12, welche Frage gestellt wird, ist an sich gleich. Auf diese Art habe ich schon oft die Absender der einzelnen Briefe ermittelt. Dadurch war ich bereits am Vortag über die Eingänge am darauffolgenden Tag unterrichtet. Einmal erregte ich ein gewisses, vielleicht befremdliches Aufsehen, als ich in bestimmter Form, die Aushändigung eines Einschreibebriefes verlangte, obgleich er sich nicht in meinem Postfach befand. Ich bestand aber auf Auslieferung. Die Nachprüfung ergab, dass der betreffende Brief wirklich vorhanden war und nur infolge eines Versehens in den Nebenabteil gelegt wurde. Mit dem Orakel informiere ich mich über Personen, die mit mir in Verbindung treten wollen oder mit welchen ich freundschaftliche Beziehungen unterhalte. Es nennt mir den Wert oder Unwert des Einzelnen. Habe ich mein Ferneres danach gerichtet, bin ich noch nie fehlgegangen. Der rechte Glaube und die freie Überzeugung mögen ihren Teil dazu beitragen. Wir dürfen aber die Antworten nicht nach unserem Willen lenken und müssen uns dann auch mit einer Ablehnung in der Verneinung zufrieden geben. Im Anfang gehört scharfe Beobachtung der erzielten Wurfzahlen dazu, um dieselben in ihrer Bedeutung zu erkennen, wenn das Ergebnis sich tatsächlich verwirklicht hat. Den einzelnen Würfen entnehme ich, ob das Eintreffende vor- oder nachmittags erfolgt. Mehrere Male habe ich auch festgestellt, wann der betreffende Brief geschrieben worden ist. An eine bestimmte Stunde des Zeittages ist man nicht mehr gebunden. Nur muss die Fragestellung für den Zeittag geschehen, über den eine Orientierung gewünscht wird. Unbestimmte Fragen, wie etwa: Werde ich in einer Lotterie gewinnen oder ähnliche sind zu vermeiden, wohl erfolgt die Antwort ja oder nein, über die Zeit der Erfüllung aber bleibt die Auskunft vorbehalten. Das Orakel gibt nur Auskunft über das Heute. Es bleibt dem Einzelnen selbst überlassen die Bestätigung der Angaben einzuholen. Wie sicher ich mich auf die Antwort meines Orakelspruches verlassen kann, erlebte ich eines Sonntages. Das Orakel verkündete eine Geldsendung, bis zum Schalterschluss war es aber noch nicht in meinem Besitz und ich war eigentlich über dieses

Vorkommnis recht enttäuscht. Bald darauf trat aber ein Eilbote ins Haus, der mir die angekündigte Sendung übergab. Das Orakel hatte Recht behalten. Es beantwortete mir auch jede Frage in Bezug auf das materielle Leben. Kurz gesagt, welche innerhalb des persönlichen Bereiches liegen. Erweitert sich das geistige Blickfeld, so beantwortet das Orakel auch Fragen über solche Angelegenheiten. So unsere innere Erkenntnis aber noch verdunkelt oder auch nur getrübt ist, erfahren wir nichts über Dinge, die zur Zeit noch außerhalb unseres Begriffsfeldes liegen. Sie bleiben vom Orakel unbeantwortet. Jedes Orakel stellt das Verständigungsmittel der Unsichtbaren mit den sichtbaren Menschen dar, wenn wir in dem rechten Glauben verharren und uns die hermetische Religionslehre und Weltanschauung angelegen sein lassen. Den größtem Wert lege ich auf die Annahme des rechten Glaubens der hermetischen Weltanschauung mit innerster Überzeugung. Ich erprobe die Geheimlehren und kann darum aus eigner Erfahrung für die Ausbreitung eintreten. Aus dem Volke bin ich hervorgegangen, von widrigen Geschicken bedrängt worden, ich ging durch die harte Schule des Daseins. Unterdessen durchforschte ich Gebiete, welche andere verdammten, mich aber zog das Geheimnisvolle an. Jede Sache, die zu meiner Erkenntnis gelangte, habe ich eingehend untersucht und mich bemüht, die verborgene Wahrheit zu finden. Ich trat zu Geheimgesellschaften in engere Verbindung und gründete selbst Korporationen, die ich dann selbst wieder zerschlug, weil diejenigen, welche mir Weggenossen sein wollten, mich grenzenlos enttäuschten. Selbstlos geschaffene Brudergesetze wurden mir später zur Fessel, deren Kette ich sprengte, um die persönliche Freiheit zurück zu erhalten. Die Ursachen gaben die Lehren der Magie, mit denen ich mich sorgfältig befasste; war ich bereits auf dem Wege Satanist zu werden, jenem Geheimkulte, um dessen Willen viele Tausende zur größeren Ehre Gottes gequält und verbrannt worden sind. Den Grund zu solchem standhaften Ertragen musste ich finden und ich betrat Dr. Faust's Wege, verwendete Zeit und Geld dazu mich nach alten Vorschriften zu betätigen. Der Erfolg enttäuschte genug. Ich geriet in eine Grenze, wo mein Wille zersplitterte und das Können zu Ende sein schien. Das hatte sehr viel zu sagen, denn ich habe immer versucht, mein Leben nach meinem Willen zu gestalten. War ich bisher mein eigener Lehrer gewesen, so musste ich nun, um jene Lücke im Wissen auszufüllen, in die Schule eines geeigneten Lehrers gehen. Wo aber fand ich solch einen Meister, der ein wirklicher Eingeweihter war. Alle, die ich bisher zu kennen Gelegenheit hatte, konnten meine Zuneigung

nicht erhalten. Es ist vollkommen zwecklos weitere Gesellschaften zu gründen. Die eigene Idee mag noch so gut sein. Sie schadet aber bestimmt der Gesamtbewegung und zwar deshalb, weil der geistige Rückhalt fehlt, den nur die festgegründete Organisation bieten kann. Mögen wir auch zur Zeit auf verschiedene Eigenarten der Geheimlehren nicht so ganz erfassen, so müssen wir in uns selbst nach der Ursache des Mangels suchen und nicht selbst nach Aussehen den Wert der Überlieferungen herabsetzen. Nur die Hermetik wird imstande sein, den Trug fortzunehmen, der noch auf unseren Sinnen lastet. Er kann dies aber nur, wenn wir uns im Ganzen hingeben und willige, folgsame Gläubige werden. Ein Mitglied, das sei nochmals betont, ist noch nicht als gläubiger Anhänger der Hermetik zu betrachten, der Beweis ist vielmehr durch die Tat zu führen. Wir geraten zuerst sehr leicht in einen inneren Aufruhr, in dem sich alles in uns dagegen auflehnt. Alle nichtigen Argumente werden angeführt, um Schwächen zu finden, dem Zweifel scheinbar Nahrung zu geben. Diesen inneren Kampf mit dem falschen Denken führen verschiedene nicht zu Ende. Sie gehen wieder zurück in das Dunkel, aus dem sie kamen. Wer nicht die notwendige geistige Reife besitzt, wird kein Gläubiger werden können. Denn nur durch die erforderliche Reife wird er in den Besitz der wahren Geheimnisse kommen. Die geistige Reife kann infolgedessen nur der erlangen, der ernstlich danach trachtet ein gläubiger Hermetiker zu werden, und dem Glauben treu bleibt. Der sichere Erfolg ist dann durch die Benutzung der hier niedergelegten Praktiken sicher. Außerhalb der Hermetik ergeben die Anweisungen Stückwerk. Die Arbeit mit dem Orakel erfordert besten Glauben und die rechte Überzeugung.
Trachtet am ersten nach dem Reich des wahren Magiers, dann wird euch das Übrige alles zufallen. In dieser Weise wäre in aller Kürze in Abhandlung eines sinnvollen Spruches den Gläubigen zuzurufen.

27. Das siderische Pendel.

Ein vielseitiges magisches Hilfsmittel ist das siderische Pendel. Es gibt verschiedene Arten von Pendeln. Das Pendel Syderikum der „Adonistischen Gesellschaft" ist bestens zu verwerten. Zum Pendel eignet sich jedes Metall, alle besitzen Vor- und Nachteile. Wer das Pendel nur zum Orakelspruche benutzen will, der greife unbedenklich nach dem Pendel Syderikum. Von den anderen Pendeln kenne ich den Heitschen Pendel, einen Voll- und einen Hohlmessingpendel. Mit dem Einheitspendel bin ich

wohl leider nicht sehr zufrieden und sehr bald habe ich damit meine praktischen Versuche eingestellt. Der Vollmessingpendel ließ sich leicht durch das Pendel Syderikum ersetzen. Nur den Messinghohlpendel habe ich zu magischen Übertragungen beibehalten. Das syderische Pendel verwende ich als magisches Hilfsmittel zu bestimmten Zwecken, eine eigene Pendelforschung betreibe ich aber nicht. Im Rahmen dieser Bände will ich nur die Verwendung der magischen Hilfsmittel zu magischen Handlungen erklären. Alle darin beschriebenen Anleitungen sind eigene Erfahrungen, sie entstammen also der magischen Praktik. Es handelt sich dabei also um keine Nachschriften, die durch Zusammentragen aus Büchern anderer Schriftsteller entstanden wären. Meine Quellen sind anderen Menschen unsichtbar und nur der Wissende, der durch die gleiche Schulung gegangen ist, dürfte in der Lage sein, ebenso gut wie ich, die immer vor anderen Auskunftstelle zu benutzen. Freilich gehört dazu Ausdauer, Beharrlichkeit und Selbstvertrauen. Jede Entwicklung braucht in der übenden Anwendung Zeit. Bevor nicht die Nebel gewichen sind, die die geistigen Augen des Suchenden beirren, ist jede Gewaltmaßnahme als nutzlos zu bezeichnen.
Geduld im beharrlichen Üben bildet den Meister. Um das syderische Pendel zu Orakelsprüchen zu verwenden, benötigen wir die Schwingungstafel. Dieselbe reicht für Versuche ganz gut aus. Noch besser ist es, auf weißer Pappe dieselbe anzufertigen. Der Durchmesser der äußeren Ringe beträgt 21 cm, der der inneren Ringe 4 cm. Pendeltafel nach magischer Vorschrift anfertigen. Für Orakelzwecke und spiritistische Sitzungen ist der Zwischenraum von beiden Ringen in 36 gleiche Felder zu teilen. In diese Felder werden die 26 Buchstaben und die 10 Zahlen von 1-10 mit schwarzer Tusche groß und deutlich eingeschrieben. Das gleich gilt für die physikalische Schwingungstafel. Die Grundzahlen und überhaupt alle Linien sind mit schwarzer Tusche durchzuziehen. Beim Gebrauche des syderischen Pendels ist die Himmelsrichtung zu beachten. Die Magnetnadel des Kompasses muss genau Nord-Süd anzeigen und die Schwingungstafel ist danach einzurichten. Setze dich auf einen Stuhl und blicke in der Richtung von Norden nach Süden, wie die Schwingung des Erdmagnetismus verläuft. Die Länge des Rosshaares, an dem das Pendel hängt, muss genau der Unterarmlänge des Handelnden angepasst werden. Wer von mittlerer oder kleinerer Statur ist, hat sich eine zur Armlänge passende Schlinge unterhalb der vorhandenen zu knüpfen. Das Pendel darf nicht höher als einen Zentimeter über die Tafel gehalten werden. Die

Schlinge wird nun am ersten Gliede in der Höhe der Nagelwurzel am Zeigefinger der rechten Hand festgelegt. Die linke Hand liegt zwanglos auf dem Oberschenkel. Sind diese Vorbereitungen beendet, so sprich in Gedanken die Anrufung: „Herr, höre mein Wort, denn du bist unsere Hoffnung." Die Fragen, deren Beantwortung gewünscht wird, sollen vorher auf ein Blatt geschrieben werden und so gekürzt sein, dass sie eine klare Antwort zulassen. Denke nun intensiv an die erste Frage und an nichts anderes. Suche nicht selbst eine Antwort durch Autosuggestion zu erzielen. Alle Gedanken müssen auf die Frage gerichtet sein. Das Pendel zieht Elipsenkreise und Striche und berührt entweder Ja oder Nein. Auch einzelne Buchstaben der Tabelle werden geschlagen. Erst wenn die Frage Nr. 1 beantwortet ist, kommt die 2. an die Reihe und so fort, bis alle Fragen erledigt sind. Im Anfange ist es gut 7 Fragen aufzustellen als Höchstzahl, um einer Ermüdung des rechten Armes, wie der Vorstellungskraft, vorzubeugen. Zeittage und Zeitstunden bleiben hierbei unberücksichtigt. Auf die gleich Weise können auch andere Gegenstände, wie Briefe, Unterschriften, Bilder, Metalle oder Pflanzen, Rohstoffe, Halbprodukte auf den Grundwert der Echtheit untersucht werden. Notwendig ist dabei die zu prüfende Sache in die Mitte der Schwingtafel zu legen. Persönliche, private, intime oder geschäftliche Angelegenheiten können durch diese Handlung unter das Orakel zur Beurteilung gebracht werden, um die Antwort zu erhalten. Die abgegebenen Winke sind zu beachten. Weitere Verwendungsmöglichkeiten könnten entstehen, in den nachstehenden Fällen ist es oft mit Erfolg verwendet worden. Von einem Freunde wurde ich in einem schwierigen Krankheitsfalle zur Unterstützung gerufen, obwohl derselbe Magnetiseur war, konnte er doch nicht über das Leiden der betreffenden Persönlichkeit Herr werden. – Gewisse angeborene magische Fähigkeiten mögen, mir eigen sein, aus den gefährlichsten Situationen wurde ich oft erstaunlich sicher gerettet. – Beim Eintritt in das Krankenzimmer befiel mich auch sofort eine nervöse Unruhe, die umso stärker wurde, je näher ich dem Krankenlager kam. Durch mehrmaliges Hin- und Hergehen fand ich heraus, dass es nur bestimmte Stellen im Raum waren, auf welche meine Nerven reagierten. Alle Metallgegenstände legte ich jetzt ab, zog die Schnürschuhe aus und hüllte mich in mein schwarzes Arbeitsgewand, befestigte die Schlinge des syderischen Pendels an meinem Zeigefinger und begann aufs Neue meine Untersuchungen in dem Zimmer, Der rechte Arm wird gewinkelt gehalten, d. h. der Oberarm liegt fest an der Brust und findet so mit dem waagrecht gehaltenen Unterarm einen rechten

Winkel. Der linke Arm wird im spitzen Winkel vom Körper seitwärts und die linke Hand waagrecht ausgestreckt. Nun pendelte ich den freien Raum des Zimmers in der Nord-Süd Richtung ab, was geraume Zeit in Anspruch nahm, weil ja ein jeder Schritt das Pendel erschütterte und doch die stets ruhige Haltung wieder eingenommen werden muss, ehe die freie vom Handelnden unbeeinflussbare Bewegung des Pendels wieder eintritt. Das Resultat war, es verlief unter diesem Zimmer in der Richtung von Nordwest nach Südost ein unterirdischer Wasserlauf und das Krankenlager stand in der entgegengesetzten Strömungsrichtung. Die gasförmige Ausstrahlung dieses unterirdischen Wassers stellte sich für die schlafenden Personen als schädlich heraus und jede magnetische Behandlung wurde illusorisch. Ich ließ nun die erkrankte Person in ein günstiger gelegenes Zimmer bringen und veranlasste, dass das Bett in der Nord-Süd Richtung aufgestellt wurde. Das Leiden verschwand bald und die Person konnte als geheilt gelten. Zum Nachweise, dass meine Angaben richtig seien, ließ der Besitzer des Grundstückes, Bohrungsversuche veranstalten, bei welchen genau der durch das ganze Grundstück in angegebener Richtung fließende starke, unterirdische Wasserlauf gefunden wurde. An anderen Punkten befand sich nur der Mergel und Kalkstein. Ein anderer Fall der Verwendung des siderischen Pendels betraf einen Gutsbesitzer, der mich ersuchte, ihm doch bei der Feststellung mutmaßlicher Grenzen seines Ackers behilflich zu sein. Es galt zu beweisen, dass in einer bestimmten Richtung Grenzsteine gestanden hatten, die von dem Nachbarn oder zu seinen Gunsten verändert worden waren. Das syderische Pendel trat in Tätigkeit. Ich wusste allerdings noch nicht, wie sich die rhythmische Schwingung des Pendels über Grundsteine anließe und so erprobte ich ihn über einem noch stehengebliebenen Block derselben Gemarkung, dann schritten wir die ganze Richtung des Ackers sorgsam pendelnd ab, und es zeigte sich, dass in der Mitte drei Grenzsteine fehlten und am anderen Ende waren etliche zu Ungunsten des rechtmäßigen Besitzers versetzt. Die Katasterzeichnung, die schließlich noch aufgefunden wurde, wies die fehlenden Grenzsteine auf und die versetzten Steine wurden durch Landmesser und Gerichtsurteil an ihren alten Standort zurückgebracht.
Aus diesen Begebenheiten ist zu ersehen, dass auch das syderische Pendel in der Hand eines Wissenden ein brauchbares Hilfsmittel darstellt. Das Pendel schwingt ganz bestimmte Bahnen. Es bildet Striche, Ellipsen oder Kreise der verschiedensten Art und Richtung. Über jedem untergelegten Gegenstand schwingt es anders. Ich konstruierte mir ein Gestell, welches

Arm- und Handhaltung ersetzt. Es ist dies ein rechtwinklig gebogener Eisenstab, von insgesamt 60 cm Länge, 4cm werden als Fuß breit gehämmert und die Stammeslänge beträgt 35 cm. Die Länge des Armes 21 cm. Das Ende des Armes wird etwas Aufwärts gebogen, um die Schlinge des Pendelhaares daran zu befestigen. Das Ganze weist die Form eines Galgens auf. Dieser Ständer wird durch Schrauben mit einer sauber, geglätteten Holzplatte von 40 cm im Geviertmaß verbunden. Das Pendel wird nun derart an dem Arm befestigt, dass ein cm frei über der Holzplatte schwebt.

Die Penduluntersuchungen können sowohl mit, als auch ohne untergelegte Schwingungstafel vorgenommen werden. Ohne diese Tafel wäre es gut, auf die Art der Schwingungen zu achten, um später sofort zu erkennen, welche Eigenschaften angezeigt werden. Zu diesen Kontrollarbeiten lege ich ein Tagebuch an, in welches jede Untersuchung und die Befunde eingetragen werden. Um Erfahrungen zu sammeln, müssen des öfteren Untersuchungen wiederholt werden, um veränderte Schwankungen zu finden. Bestandteile von Lebendem und ebenso Ausscheidungen zeigen andere Schwingungsarten als die toten. Das gleiche gilt für Beeinflusstes und Unbeeinflusstes, magnetisiert und nichtmagnetisiert behandeltes Menschenblut unterscheidet sich genau von dem Tierblut. Fortgeschrittene vermögen sogar den Körperteil zu bestimmen aus dem die Blutung stattfand. Der Forschende wird selbst genug Aufgaben finden seine Erkenntnis in diesem Teilgebiete des magischen Wissens zu erweitern. Zur Fernbehandlung und Beeinflussung auf beliebige räumlich getrennte Gebiete dient das siderische Pendel ebenfalls und hierzu eignet sich der Pendelständer besonders gut. Um eine Person zu beeinflussen, werden unter starker Konzentrierung auf dieselbe deren Vor- und Zuname auf ein Stück ungebrauchtes Pergament geschrieben. Bei Bestrafung jeglicher Personen sind dieselben kreuzweise einmal links, einmal rechts zu setzen, kreisförmige Eintragung gibt eine Förderung. Als dann wird das Pergament mit durchsichtigem Hartlack bestrichen und nach dem Trocknen unter das Pendel gelegt. Solange nun das Pendel seine Bahnen darüber schwingt, dauert auch der Einfluss. Noch stärkere Wirkungen werden erzielt, wenn über dem Namen noch in andersfarbiger Tusche die kabbalistische Geheimzeichen der Genien eingezeichnet werden. An Stelle des Namens kann ebenso gut auch das Lichtbild einer Person benutzt werden. Um Linderung von Schmerzen, überhaupt Heilung von Krankheiten hervorzurufen, wird das Hohlpendel genommen und an das Stativ befestigt, nachdem dessen Inneres mit

Heilstoffen aufgefüllt worden war, die aus reinen Kräutern bestehen. Unter das Pendel wird nun das Lichtbild der betreffenden Person gelegt. Dasselbe muss aber längere Zeit auf dem bloßen Körper getragen worden sein. Zur Verstärkung der Wirkungen gebraucht man einen Streifen Jungfernpergament, das mit bestimmten Zeichen und Formeln beschrieben schräg über das Lichtbild zu liegen kommt. Zur Aufschrift eignen sich alle Sprüche, ebenfalls der Pendel Energikum, das „Electro Pendel".

28. Der magische Spiegel.

Dieser ist eines der unentbehrlichen Hilfsmittel des wahren Magiers, und ein jeder, der sich mit der Ausübung der magischen Praktik befasst, wird sich für die Sphärenforschungen des magischen Spiegels bedienen. Unter allen magischen Spiegeln nimmt der des hermetischen Laboratoriums eine hervorragende Stelle ein (siehe Bardon´s „Adept"). Größe und Ausstattung entscheiden nicht, die Brauchbarkeit allein ist maßgebend. Die üblichen Schwarzspiegel erfüllen meist nicht das, was von ihnen in der Anpreisung versprochen wurde. Sie leiden an den alten gemeinsamen Fehlern, dass fabrikmäßige nicht unter Beobachtung der magischen Vorschriften hergestellt worden sind. Schwierig ist es ja sich in die vielfach entstellten Vorschriften zur Anfertigung magisch hineinzufinden. Um allen Zweifeln den Boden zu entziehen, will ich den magischen Spiegel kurz beschreiben. Die Vorderseite des Holzrahmens ist in schwarz und die Rückseite ist in braun gehalten. Auf der Rückseite des Rahmens befindet sich eine Kreiseinteilung. Sie stellt die 28 Mondstationen dar, resp. die 28 Tage des Mondlaufes. Den ersten bis vierzehnten Tag bildet die zunehmende vom 15-28 Tag die abnehmende Mondphase. Der Spiegel selbst ist im Rahmen beweglich untergebracht. Ein Hexagramm ist mit Tusche gezeichnet und ein Symbol des Mondes wurde in das Glas geprägt. Willst du nun den Spiegel benutzen, so ist der zuständige Mondtag festzustellen. Der bürgerliche Kalender und die Ephemeriden bringen mit ihrer rechnerischen Einteilung leider eine Verwirrung, dass sie den Mond bald schneller, bald langsamer laufen lassen. Hier hat nun die Naturbeobachtung einzusetzen, ich teile rechnerisch dem Monde einen Umlauf von 30 Tagen zu und zwar zählen der 15. und der 30. Tag als Stationär, d. h., der Mond. bleibt hier in der betreffenden Station einen Tag länger stehen. Den 14. und 15. Mondtag aber geben den 28. Mondort an. Wir kommen auf diese Weise dem tatsächlichen Vorgange in der Natur gleich. Offen bleibt aber die Frage, wann wir unsere Rechnung beginnen sollen. Nach den astronomischen Ephemeriden, den Gestirnstunden fällt eine Vollmondstunde bald vormittags bald nachmittags. Laut hermetischer Lehre beginnt jeder Zeittag aber schon um 18 Uhr des bürgerlichen Tages, so zählen wir den Monat bereits am Sonntag abends um 18 Uhr der Weltzeit. In alter Gewohnheitsrechnung bezeichnet die 6. Nachmittagsstunde. Angenommen am 12. Dezember 1928 war 3 Uhr nachmittags oder 15 Uhr Weltzeit, so müsste nach magischer Zeitrechnung bereits am 11. Dezember 1928 18 Uhr Neumond sein und damit der 15. Mondtag gelten. Das führt aber zu Irrtümern. Und so habe ich durch die Einfügung der beiden Gründe eben der ungezählten Mondtage einen Ausgleich herbeizuführen. Die Zeit vom 11. Dezember 18 Uhr bis zum 12. Dezember 18 Uhr kommt noch zum Neumond und der 15. Mondtag des neuen Umlaufes begann erst am 12. Dezember 1928 18 Uhr. Der Spiegel wird darum so in seine Umrahmung gelegt, dass sein Mond-Symbol nach den ersten Tagen zeigt. Jeden 2. Kalendermonat fällt der 28. Mondtag aus. Zu Beachten ist ferner, dass unsere Mondrechnung nach magischer Lehre nicht nach dem volkstümlichen Gebrauche vom Neumond ab zählt, sondern die Mondtage zählen vom Vollmondstag aus. Die genaue Beobachtung schützt dich vor der irrigen Verwendung. Der magische Spiegel wird bei abnehmendem Monde unter Einschaltung der Zahl 1-14 der Zeit von 6-8 Uhr also von 6 Uhr morgens bis 6 Uhr abends, verwendet, und bei zunehmendem Mond in der Zeit von 18-6 Uhr also von 6 Uhr abends bis 6 Uhr früh eingestellt mit den Zahlen 15-28. Zur praktischen Verwendung gibt es das einfachste Verfahren in einem vollständig abgedunkelten Zimmer, die Erleuchtung des Spiegels mit Kerzen vorzunehmen. Die Vorschrift lautet über 3 Kerzen. Rechts, links und hinter dem Spiegel je eine. Mit genügend aber 2 will ich beide hinter dem Spiegel zu rechts und links aufstellen. Es kommt aber sehr wohl auf die Richtung der Erdströmung an zu sitzen. Nord-Süd, mit dem Sitz im Norden, das Gesicht nach Süden zugerichtet. Bei den Arbeiten mit den Unsichtbaren ist entweder die Richtung Westen-Osten oder Osten-Westen erforderlich (siehe die „Evokation" von F. Bardon). Räucherungen sind zu den Spiegelarbeiten immer zu empfehlen. Die nach verzeichneten Drogen sind überall erhältlich:

    Montags – Aloeharz,
    Mittwochs – Mastix,
    Freitags – Kohlwurzel,
    Dienstags – Pfeffer mit Paprikaschoten,

Donnerstags – Safran,
Sonnabends – Galbanum,
Sonntags – rotes Sandelholz.

Vor dem niedersetzen sprich halblaut die Anrufung: „Herr, höre mein Wort, ...", wie bereits angeführt. Alsdann lege die magische Stirnbinde um.

29. Der Erdspiegel.

Über den sogenannten Erdspiegel gibt es viele Sachen und recht entstellte Vorschriften. Auch ich habe mehrere Jahre eingehend nach einer wirklich brauchbaren Herstellungsvorschrift gesucht. Erst meine dauernde Verbindung mit den Unsichtbaren brachte mir die Lösung. Die Hauptbedingung dabei ist, dass sich jeder den Erdspiegel selbst herstellen muss. Hierzu lasse dir von einem Glaser acht Dreiecke belegtes Spiegelglas ohne jeden Fehler in der Größe nach dem hier beigefügten Muster schneiden. Um den Preis darf nicht gefeilscht werden. Diese 8 Dreiecke lege so auseinander, dass sie eine Art Trichter bilden. An den Rändern werden diese mit einem festen Gummiband zusammengehalten. Die ganze Rückseite wird dann mit schwarzem Emaillack mehrere Male überstrichen. Während des Trocknens ist der Spiegel nur so aufzubewahren, dass ihn niemand berühre und niemand in ihn hineinsehen kann. Auch der Hersteller vermeide ein längeres Hineinschauen. Ein Holzkasten wäre zu fertigen, in welchen der zusammengesetzte Spiegel genau hineinpasst. Auch der Kasten ist mit schwarzer Lackfarbe zu streichen. Ein Deckel mit Bändern und Schloss ist anzubringen. Sicherer ist der Geheimverschluss. Da der Spiegel gestellt wird, so muss im Innern des Kastens eine Unterlage vorhanden sein, um die Spitzen der zusammengesetzten Dreiecke aufzunehmen. Inneres und Deckel des Kastens sind ebenfalls schwarz auszulegen bzw. schwarz zu streichen. Das schwierigste macht wohl das Gravieren der Spiegelleisten aus. Dieses kann nur Stückweise geschehen und zwar erfolge sie in der Zeit des zunehmenden Mondes. An den betreffenden Tagen und Stunden des zuständigen Planeten. Am Montag, der magische Mondzeittag läuft ab, Sonntag abend 18 Uhr, werden die Zeichen und Attribute des Mondes und das Zeichen seines Hauses, das Tierkreiszeichen Krebs eingraviert. Vor jeder Gravierungsarbeit bereite dich vor und wasche Gesicht und Hände, lege dabei das magische Gewand an und entledige dich aller sonstigen Kleidung. Entzünde neben 2 Kerzen das Räucherfeuer und verbrenne Aloeharz. Sprich heraus halblaut, mit auf die Brust gelegten

Händen, die Anrufungsformel: „Herr, höre mein Wort usw.", sowie das große Gebet an Adonay und dann erst setze mit dem Gravieren ein. Die Arbeit selbst soll in der Richtung der Erdströmung vorgenommen werden, von Norden nach Süden, das Gesicht bleibe nach Süden zu gerichtet. Vorteilhaft ist es, wenn die Anrufung und das große Gebet im Gleichklang mit dem Atem gesprochen werden können, denn dadurch tritt eine viel höhere geistige Verbundenheit ein. Am Dienstage, der magischer Zeittag am Montag abends um 6 Uhr, nimm auf die gleiche Weise die Gravierung der Attribute des Mars und seiner Häuser Widder und Skorpion vor. Am Mittwoch sind die Signien des Merkurs, am Donnerstag des Jupiters, am Freitag die der Venus, am Samstag die des Saturn und am Sonntag die der Sonne einzugravieren. Um ein rasches Arbeiten und Gravieren zu ermöglichen, übe dich am Tage durch wiederholtes Nachbilden jener Zeichen für eine genaue Übertragung vor.

Nach Beendigung der Arbeit an jedem Zeittag wird der Spiegel unbesehen, d. h. ohne in seine Spiegelflächen zu blicken, sorgfältig aufbewahrt. Sind alle Attribute und Zeichen nunmehr eingraviert, so kommt die wichtigste Handlung des Ganzen, die Weihe desselben an die Reihe. In der Vollmacht des 28 Mondtages zur Mondstunde stelle das Tischehen in die Mitte des Raumes in der Richtung Norden-Süden. Darauf wird der eröffnete Kasten des Spiegels gestellt und seine glänzende Fläche kommt nach unten davor zu legen. Entzünde zwei Kerzen und ein Räucherfeuer. Nimm die körperliche Reinigung vor, lege die magische Stirnbinde an und stelle dich im Norden hinter dem Tischchen auf und blicke nach Süden zu. Die Arme werden emporgehoben, dass die Hände in gleicher Höhe mit den Augen sich befinden, Handflächen richte nach vorn. Verrichte in halblauter Stimmstärke das große Gebet an Adonay im Rhythmus des Atems. Sodann folgt die Anrufung des Mustafils. Ist das letzte Wort verklungen, so erfasse mit beiden Händen den Spiegel langsam hochhebend, halte diesen in den Rauch des Räucherfeuers. Umgekehrt wird er in den inneren Raum des Kastens auszufüllen. Blicke ruhig und in stiller Erwartung in den Spiegel. Sobald das Räucherfeuer niedergebrannt ist, nimm die vorige Haltung ein, und sprich die Entlassungsformel. Die Zeremonie hat ein Ende gefunden. Der eingebaute Spiegel muss so montiert sein, dass er nicht herausfallen kann. Seine Zusammensetzung darf sich nicht auflockern. Bei der Verwendung des Spiegels stelle nachts 2 Kerzen rechts und links neben dem geöffneten Kasten auf und entzünde ein Räucherfeuer, am Tage aber setze dich so, dass keine grellen Sonnenstrahlen den Spiegel treffen können, gegebenenfalls verhänge die Fenster. Der magische Spiegel wird dir alles zeigen, was du wissen willst und begehrst, sorge nur dafür, dass du den rechten Glauben besitzest.

30. Die magische Stirnbinde.

Die magische Stirnbinde besteht aus einer dünnen runden Bleiplatte und einem ledernen Stirnband. Auf die Bleiplatte ist das Saturnzeichen eingeprägt und darüber kommen zwei kleine Pentagramme zu stehen. Darunter aber wird das magische Saturnquadrat aufgetragen und zwar mit Zahlenwerten, akkadischen, die höheren Wert verleihen. Der so verfertigte Saturntalisman ist in der Mitte des Stirnbandes aufzunähen. Rechts und links werden phönizische Schriftzeichen mit roter Tusche die Signaturen geschrieben, wie sie aus der „Zauberbibel" (Band Magie) zu ersehen sind. Die Anfertigung der magischen Stirnbinde soll zur Stunde und am Tage des Saturn bei zunehmendem Monde stattfinden. Zur Spiegelarbeit setzt man sich bequem auf einen Stuhl, in der geforderten Richtung und beugt sich so über den Spiegel, dass man schön die schwarze Fläche erblickt. Am besten eignet sich dazu ein kleines Tischchen, das in die Mitte des Raumes gestellt wird und mit einer schwarzen Decke bedeckt wird. Alle Gedanken sind nur auf Sache der begonnenen Angelegenheit zu richten. Die Hände ruhen zwanglos in der Richtung der Unterarme. Am 1. Abend einen Erfolg zu erwarten, wird schwer halten. Die zähe Ausdauer im Üben bringt aber den Erfolg voran.

31. Anleitung zum Gravieren der Attribute.

Jedes Spiegeldreieck besitzt eine Nummer. Die Felder sind für sich getrennt zu gravieren und zwar:
1. In der ersten Stunde des Zeittages des Mondes, das Erdfeld.
2. In der achten Stunde des Zeittages des Mondes, Mondfeld.
3. In der achten Stunde des Zeittages des Mars, Marsfeld.
4. In der ersten Stunde des Zeittages des Merkurs, Merkurfeld.
5. In der ersten Stunde des Zeittages des Jupiter, Jupiterfeld.
6. In der ersten Stunde des Zeittages der Venus, Venusfeld.
7. In der achten Stunde des Zeittages des Saturns, Saturnfeld.
8. In der ersten Zeitstunde des Zeittages Sonne, Sonnenfeld.

Die Nummern 1 und 2 können in der gleichen Zeitstunde eingraviert

werden. Die Felder werden folgendermaßen eingesetzt:
1. Erdenfeld,
2. Mondfeld,
3. Sonnenfeld,
4. Merkurfeld,
5. Venusfeld,
6. Marsfeld,
7. Jupiterfeld,
8. Saturnfeld.

Alle Attribute kommen auf die Rückseite, die mehrmals mit schwarzem Emaillack bestrichen worden ist, zu stehen, und nicht auf die Vorderseite. Beim Einsetzen der gravierten Gesamtfläche ist darauf zu achten, dass das Feld Nr. 1 stets nach Osten zu, nach rechts zu liegen kommt. Eine Drehung des Spiegels darf nicht erfolgen, das Erdfeld als das erste soll immer nach Osten zeigen.

32. Das große Gebet an Adonay.

Preiset Adonay ihr Himmel; preiset ihn in der Höhe;
Preiset ihn alle seine Engel, preiset ihn alle seine Geister,
Preiset ihn alle Sonne und Mond, preiset ihn alle leuchtenden Sterne;
Preiset Adonis ihr Völker, huldigt ihm alle Stämme;
Preise Adonis meine Seele,
Huldigt Adonis ihr Helden der Kraft, die ihr vollbringt sein Wort.
Huldigt ihm alle seine Diener, die ihr vollbringt seinen Willen.
Huldigt ihm alle seine Werke, an allen Orten seiner Herrschaft.
Huldige Adonis meine Seele.
Öffnet Euch ihr Pforten und Tore der Welt, dass einziehe der König der Ehren, Adonis der Starke und Gewaltige, Adonis der Held im Streit.
Öffne dich meine Seele dem König der Ehren.
Ja, gut ist Adonis, ewig ist seine Gnade, für und für währet seine Wahrheit.
Ein Reich wird aufrichten Adonis, das nicht wankt, bestehen wird sein Thron ewig.
Herrscher wird er von Meer zu Meer und von dem Ozean bis zu den Grenzen der Erde.
Erbarmen wird er sich der Schwachen und Elenden und vom Trug erlösen wird er unsere Seelen.
Blühen wird zu seinen Tagen die Gerechtigkeit und großer Friede bis zum

Vergehen des Mondes.
Bleiben wird sein Name solange wie die Sonne. Amen.

33. Hymne an Dido

Preiset Dido, alle Geschöpfe in der Welt, die unser Herr geschaffen!
Preiset die Göttin der Schönheit, die Spenderin der Liebe und Wonne!
Preise Dido, meine Seele!
Sie ist die lieblichste der Frauen, das strahlende Juwel in der Krone unseres Herrn!
Die Huld wandelt zu ihrer Rechten, die Wollust zu ihrer Linken,
Rosenketten in Händen, womit sie den Glücklichen fesselt.
Huldiget Dido, ihr Sterblichen auf Erden, solange ihr atmet!
Huldiget der erhabenen Herrin, die über Sternen thront!
Huldige Dido, meine Seele!
Sie ist die Spenderin der Wollust, ihr Gebot vereinigt die Liebenden!
Auf ihren Armen erhebt sie sie von der Erde in den Himmel!
Klaget mit ihr, ihr Frauen, um den Vermissten, und jubelt mit ihr über den Wiedergefundenen!
Dienet ihr willig, ihr Geweihten, in den Tempeln und unter den Zelten!
Denn ihr Dienst ist süß und ihr Lohn ist reichlich!
Auf den Höhen und in den Hainen wandelt in ihrem Pfade, ihr Bewohner der Häuser!
Haltet eure Schritte nicht zurück, so die Lust euch ankommt.
Denn wohlgefällig ist die Liebe den guten Göttern und Gnade findet ihr in der Umarmung.
Sprecht, wessen ist das Siegel, das ihr an eurem Leibe traget?
Eures Herrn und seiner Geliebten!
Darum, wenn der Starke sich aufrichtet und die Quelle sich ergießt, wenn der Priester eintritt ins Allerheiligste und aus Zweien Eines wird, das ist die Stunde der Vollkommenheit in der Schöpfung!

34. Die Berufungsformel der Beschwörung Mustafils/Mogarip.

Im Namen Adonis des Schöpfers des Himmels und der Erde, des Königs aller Hüter, aller Wächter und aller übrigen Geister des wahren Königs. Ich rufe dich Mustafil/Mogarip. Im Namen der Kybelle, des Erdgeistes, des Engels des Adonis, ich rufe dich Mustafil/Mogarip. Durch die Macht dieses

Spiegels, die ihm Adonis verliehen, ich rufe dich Mustafil/Mogarip. Erscheine, Erscheine, Erscheine.

35. Die Entlassungsformel.

Entweiche in Friede, oh Mustafil/Mogarip, dienstbarer Geist von wannen du Gekommen; Entweiche im Namen Baals, der dich geschaffen und im Namen Adonis, der dich dienstbar gemacht hat. Entweiche im Namen Kybeles/Tjaia/, die dir gebeut. Entweiche, entweiche, entweiche.

*

Bemühe sich ein jeder, alles aus sich zu entfernen, was ihm im rechten Glauben hinderlich sein könnte. Durch die Werdezeit hindurch darfst du dich in deiner gesamten Entwicklung niemals entmutigen lassen. Selig sind, die da nicht sehen, aber doch glauben.

36. Bild der Saug- und Strahlungsflächen.

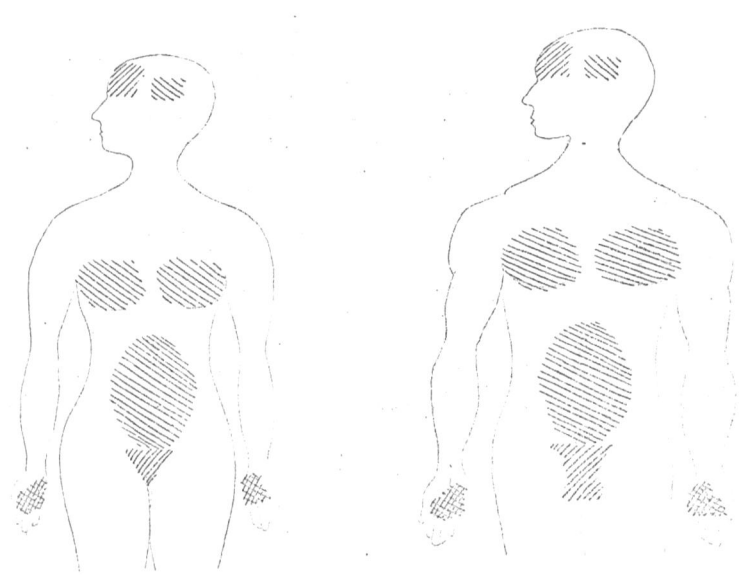

Strahlungsflächen: Stirnfeld, Vagina, Penis

Saugflächen: Schläfen, Brüste, Nebelfeld

Saug- und Strahlungsflächen: Innere Handflächen

Sammelstellen: Groß- und Kleinhirn, Zirbeldrüse, Geschlechtsdrüsen

Weitere Bücher aus dem Christof Uiberreiter Verlag:

Das goldene Blatt der Weisheit
Seila Orienta/Franz Bardon

Zum ersten Mal in der okkulten Literatur wird die 4. Tarotkarte des Hermes Trismegistos verständlich beschrieben und offengelegt. Sie beinhaltet unbekannte Konzentrations- und Meditationsübungen. Des Weiteren gibt sie Hinweise und erklärt die Unterschiede zwischen Magie und Mystik und Gefahren des einseitigen Weges. Am Ende steht die Verbindung mit der universellen Gottheit, dem Herrn der Sonnensphäre, welcher quabbalistisch „Metatron" genannt wird.

*

5. Tarotkarte – Mysterien des Steins der Weisen
Seila Orienta/Franz Bardon

Dieses Buch stellt die Vorderseite der Alchemie dar, die die einzelnen praktischen Übungsschritte erklärt, ohne die verschlüsselten Mystifikationen der alten Alchemisten auch nur annähernd zu erwähnen, wie man es aus den anderen Büchern des Franz Bardon kennt. Es wird erklärt, dass ohne vollkommene Beherrschung der 4 Elemente keine Alchemie möglich ist. Des Weiteren wird mit den einzelnen Ebenen, mit den Matrizen, dem elektromagnetischen Fluid usw. gearbeitet. Doch den Hauptpunkt stellen die göttlichen Eigenschaften wie z. B. die Allmacht dar, mit denen der Göttliche Stein der Weisen durch gewisse Übungen geladen wird.

*

Talismanologie und Mantramkunde
Seila Orienta/Franz Bardon

Zum ersten Mal werden hier (magisch) geladene Mantrams – Gebetssätze – preisgegeben, welche bei nötiger Reife, Ausgeglichenheit und Reinheit durchdringende Erfolge versprechen. Mantrams sind ja nach Bardon nicht irgendwelche „Suggestionssätze", sondern sie sind Ideenausdrücke, mit denen man mit Mächten, Kräften, Eigenschaften, also Gottheiten, in Verbindung kommen kann. Gleichzeitig werden die dazugehörigen Siegelzeichen der göttlichen Ideen preisgegeben, welche im rituellen

Zusammenhang mit den Mantrams stehen. Ein Buch, das nicht nur die Hermetiker, sondern auch die Anhänger der Yogawissenschaften inspirieren wird!

*

Eine Sammlung der schönsten und lehrreichsten Beschwörungsgeschichten
Hohenstätten

Dieses Buch ist einzigartig, denn es zeigt den zweiten Band von Franz Bardon an Hand von interessanten Evokationsberichten, die genau das bestätigen, was Bardon in seinem Buch geschrieben hat, und noch darüber hinaus. Es werden sensationelle Erlebnisse geschildert, die man sonst niemals findet. Auch aus unveröffentlichten Schriften wird zitiert.

*

Verkörperungen des Meister Arion
Hohenstätten

Man wird beim Lesen dieses Buches nicht glauben, wie viele bekannte und unbekannte Inkarnationen Franz Bardon hatte. Die paar, die im „Frabato" bekannt gegeben wurden, stellen nur einen geringen Teil seiner Verkörperungen dar. Wir mussten, da es dermaßen wenig Literatur über die Verkörperungen gab, wieder Hunderte und Aberhunderte von Büchern, Aufsätzen, Zeitschriften und Artikeln durcharbeiten, bis wir genügend Material für dieses Buch hatten. Aber der Leser wird sich beim Lesen sicherlich über unsere Arbeit freuen, denn sie wird ihn in Erstaunen versetzen!

*

Shamballa, der goldene Tempel des Lichts
Hohenstätten

Dieser Tempel dürfte jeden Leser von Bardons Roman „Frabato" fasziniert haben. Dass es aber in der okkulten Literatur noch viel mehr Informationen darüber gibt, die man aber nur findet, wenn man alles Veröffentlichte gelesen hat, dürfte dem einen oder anderen unbekannt sein. Es wurden wieder ganze Stöße von Büchern durchgesehen und das Ergebnis wird hier veröffentlicht. Es wird aber gleichzeitig darauf hingewiesen, wie viel Schundliteratur es darüber gibt, wie viel Lügen im Umlauf sind, damit sich der Schüler der Hermetik ein klares Bild machen kann. Wir bringen in diesem Buch alles, was wir an Material darüber gefunden haben, und es wird auch noch einiges aus der eigenen Erfahrung, was das Wertvollste ist, mitgeteilt. Nicht nur über den Tempel wird berichtet, sondern auch über die damit verbundene „Bruderschaft des Lichts", deren Sitz er darstellt.

*

Auf der Suche nach Meister Arion
Hohenstätten

Diese Autobiographie eines Schülers der Hermetik des Franz Bardon schildert sein magisches Leben, in welchem zahlreiche Erfahrungen zu den Übungen aus dem Adepten geschildert werden, die die Hauptperson selbst erlebt hat. Es wird der schwere Weg des Adepten aus autobiographischer Sicht gezeigt, seine vielen Tiefschläge, aber auch seine glanzvollen Seiten und Zeiten. Der harte Kampf mit dem Seelenspiegel wird bis in alle Einzelheiten aufgezeigt, genauso wie die vielen anderen Wege, in welche der Autor reinschnupperte, um dadurch reichlich Erfahrung sammeln zu können. Darüber hinaus enthält es unzählige Erfahrungen und Berichte betreffs Mantramistik nach Bardon, die wahre Runenmagie, zahlreiche Evokationen sowie Invokationen mit seinem Lehrer Anion, einen magischen Exorzismus, wie er bisher noch nie öffentlich geschildert wurde. Mentalreisen, Beeinflussungen, Übungen zur Gottverbundenheit, Erscheinungen, Alchemie, Heilungen mit den verschiedensten magischen Methoden z. B. Quabbalah oder durch die Elemente, Schutzgeistevokationen und viele andere magische „Wunder" seines Freundes und Lehrers Anion. Auch einige magische Fotos in Farbe, ein bisher von Bardon unveröffentlichtes Akashafoto von Christus und ein Bild des schwebenden Meister Arion werden in diesem Buch preisgegeben. Der Inhalt ist viel reichlicher, als hier kurz beschrieben werden kann.

*

Magisches Gleichgewicht
Hohenstätten

Dieses Buch zeigt eindeutig, dass in allen anderen Systemen das „Gleichgewicht" genauso gebraucht wird, wie bei Bardons Werken. Er war nicht der Einzige, der das erwähnte, aber er war der erste, der es deutlich erklärte, denn die anderen Systeme sprachen nur durch das Symbol, welches nicht jedem Leser verständlich war. Obendrein bringen wir noch Unveröffentlichtes vom Meister Arion zu dieser Grundlage der magischen

Entwicklung.

*

Das Leben und die Erfahrungen eines wahren Hermetikers
Seila Orienta

Diese Autobiographie eines Magiers ist unübertroffen, denn bis jetzt hat kein einziger okkult Geschulter so offen und ehrlich gesprochen wie Seila Orienta. Er gibt in diesem Werk sein Leben bekannt, sowie seine zahlreichen und äußerst interessanten Erlebnisse und Erfahrungen. Es werden auch zum ersten Mal Fotos von Wesen der Sphären gezeigt, welche Franz Bardon höchstpersönlich in den 1920ern gemacht hat. Des Weiteren schreibt Seila Orienta über die Sphären, über Dämonen, Logenkontakte und vieles, vieles mehr, was einem ehrlich strebenden Hermetiker das Herz übergehen lassen wird.

*

Das Leben des Franz Bardon
Hohenstätten

Dieses Buch beschreibt das Leben des Meisters außerhalb des Frabatos, welches seine Sekretärin – Otti V. – geschrieben hat. Es beinhaltet Erklärungen zu seiner „Biografie", weitere Einzelheiten über den Kampf mit der FOGC, seine Beziehung zu Wilhelm Quintscher und anderen Okkultisten, was alles bisher unbekannt war! Des Weiteren werden viele Erlebnisse seiner Schüler in Prag erzählt, verschiedene magische Leistungen und interessante Geschichten Bardons beschrieben, die bis dato unveröffentlicht sind. Es werden auch seine drei Lehrwerke und deren Wirkung auf die Öffentlichkeit von einem anderen, unbekannten Standpunkt geschildert, welcher durch bisher schwer zugängliche Schriften unterstützt wird. Als Krönung wird seine aus dem Tschechischen übersetzte „Runenschrift" zum ersten Mal veröffentlicht. Auch einige Seiten aus anderen unveröffentlichten Schriften von ihm sowie interessante Fotos des Meister Bardon und seiner Freunde werden hier preisgegeben und vieles, vieles mehr.

*

In Verbindung mit der Gottheit
Hohenstätten

Über das Thema der Gottverbundenheit mit all seinen Formen und

Methoden wurde bis heute noch nie ein Buch verfasst, geschweige denn eine Schrift geschrieben. Man findet in der okkulten wie in der östlichen Literatur nur spärliche Hinweise, die größtenteils verschlüsselt sind oder so geschrieben wurden, dass man sie kaum versteht. Im Gegensatz dazu wird in diesem Buch offen dargelegt, dass das 1. kleine Arkanum der 78 Tarotkarten die Gottverbundenheit in ihrer Reinform darstellt.

*

Hermetische Heilmethoden
Hohenstätten

Dieses Buch stellt in der okkulten Literatur ein absolutes Unikum dar, denn über die Gesamtheit der okkulten Heilmethoden wurde bis jetzt noch NIE etwas Sinnvolles geschrieben. Es werden alle Heilmethoden erwähnt, die der hermetische Schüler mit Hilfe seiner bisher erlangten Konzentrationsfähigkeit ausüben und verwenden kann.

*

Erste hermetische Zeitschrift

„Der hermetische Bund teilt mit" ist eine der wenigen magisch-mystischen Zeitschriften, welche sich soweit als möglich auf die universelle Lehre von Franz Bardon bezieht. Sie versucht sich an die Gesetze des 4-poligen Magneten zu halten und vermittelt Wissen sowie Hinweise für die Praxis, damit der Leser die Möglichkeit hat, sie in seinen hermetischen Weg aufzunehmen und für sich gewinnbringend zu verarbeiten.

Noch viel mehr hermetische Literatur finden Sie auf unserer Website: http://www.hermetischer-bund.com.

Viel Vergnügen beim Stöbern!

Der Verlag